Heike M. Cobaugh ist seit über 20 Jahren selbstständig als Mediatorin, Coach und Trainerin für Unternehmen im Gesundheitswesen tätig. Zuvor arbeitete sie 10 Jahre im Bereich Marketing in den USA und Deutschland. Als Vortragende begeistert sie auf Symposien, Tagungen und anderen Events, ist immer praxisbezogen und bringt die Dinge auf den Punkt. Sie ist Autorin mehrerer Bücher und schreibt regelmäßig Fachartikel zu unterschiedlichen Themen.
www.cobaugh.de

Heike M. Cobaugh

Lass deine Tigerin aus dem Käfig

Wie du mutig sein kannst,
obwohl du Angst hast

TWENTYSIX – Der Self-Publishing-Verlag
Eine Kooperation zwischen der Verlagsgruppe Random House
und Books on Demand

© 2019 Cobaugh, Heike M.
Herstellung und Verlag: BoD – Books on Demand, Norderstedt
ISBN: 978-3-740-73267-7

Inhalt

Vorwort 9
Die Welt der Tigerin 11
Mut – was ist das eigentlich? 13
   Mut ist nicht gleich Mut 15
   Mut, Angst und andere Gefühle 17
Mut sich den eigenen Ängsten zu stellen 21
   Bei Angststörungen immer professionelle Hilfe suchen 21
   Ängste sollen uns normalerweise schützen 22
Ist Mut genetisch angelegt? 29
   Herumschwirrende Helikopter-Mütter 30
   Mütter sind nicht immer die besten Vorbilder 35
   Was ist eigentlich mit den Vätern? 37
Mut, sich von den Eltern freizuschwimmen 40
   Kleine Mädchen sollen meistens funktionieren 41
   Die Anerkennungsfalle 43
   Der Preis für Mut 51
   Männer sind mutig, Frauen sind angepasst 51
   Dürfen Frauen überhaupt mutig sein? 53
   Macht Mut unattraktiv? 53
Frauen sind besser, als sie denken 55
   Was glaubst du eigentlich über dich selbst? 55

Wie wir uns selbst mutlos halten 56
Der ewige Selbstoptimierungswahn....................... 57
Frauen fehlt der innere Kompass 59
Du bist o.k., so wie du bist...................................... 62
Was würdest du tun, wenn du mutiger wärst? 65
Limitierende Glaubenssätze 65

Mut zur Unvollkommenheit statt Perfektionismus 70
Keine(r) ist perfekt? 70
Gut ist nie gut genug!.. 72
Nörgeln hat wenig mit Mut zu tun 75
Schämen sollst du dich! 76
Wer sich schuldig fühlt, ist selten mutig................. 77
Wenn der Wunsch nach Perfektion
zur Sucht wird 80
Eine unvollkommene Welt ist doch viel
interessanter 84

Mut in der Öffentlichkeit 93
Der eigenen Stimme Raum geben........................... 95
Angst vor der Reaktion anderer 97
Schlechter Umgang mit Kritik 98
Der Kosten-Nutzen-Check 101

Mut im Umgang mit Männern 102
Frauen und ihre Suche nach der ewigen Liebe 102
Wie lässt sich Liebessucht erkennen?.................... 104
In den Medien ist Liebe selten realistisch............. 108

Was nicht passt, wird aussortiert 109
Mutig den für dich richtigen Mann anziehen 111
Mut, Entscheidungen zu treffen 117
Es soll aber die richtige Entscheidung sein 117
Horrorvisionen stellen sich ein 120
Zu viele Möglichkeiten verursachen Stress 120
Die richtigen Fragen schaffen Klarheit 123
Mut, Nein zu sagen 126
Sich selbst die Erlaubnis geben,
Grenzen zu setzen 127
Tu es für dich und nicht für andere 129
Halte die Reaktionen der anderen aus 130
Mut, erfolgreich zu sein 136
Das Impostor-Syndrom, ... 136
Immer die Angst, entdeckt zu werden 137
Zu viel Selbstkritik verhindert Erfolg 139
6 Wege aus den Selbstzweifeln heraus 141
Mut, wütend zu sein 144
Dürfen Frauen überhaupt wütend sein? 145
Besser rauslassen statt reinfressen 147
Mut zu Veränderungen 154
Das haben wir schon immer so gemacht 155
Du musst nicht immer mit dem Strom
schwimmen 157

    Wenn andere dich nicht motivieren, dann tu es halt selbst 158

Mut, älter zu werden 163
    Dürfen Frauen überhaupt alt werden? 164
    Ältere Frauen verlieren an Attraktivität 165
    Einfach nicht mehr da … 166
    „Großmutter-Sex" 167
    Auch jüngere Frauen haben schon Angst vor dem Älterwerden 168
    Frauen sind unbarmherzig 169

Mut ist ansteckend 174
    Mutige Vorbilder geben uns Kraft 174
        Malala Yousafzai 174
        Michelle Obama 180
        Natascha Kampusch 186

Mut zu mehr Gelassenheit 197
    Annehmen, was ist, statt zu kämpfen bis zum Umfallen 198
    5 Wege zu mehr Gelassenheit 200

Literaturliste 203

Auch mutige Menschen haben Angst

Vorwort

Viele, die mich kennen, sagen, ich wäre mutig. Warum? Weil ich immer wieder neue Dinge angehe; fast immer das sage, was ich denke; scheinbar keine Angst vor Herausforderungen habe und mich Konflikten stelle.

Als Mediatorin und Coach habe ich immer wieder mit schwierigen Situationen und manchmal auch mit schwierigen Menschen zu tun. Ich scheue mich nicht, den Finger in die Wunde zu legen, wenn ich glaube, dass das hilfreich wäre. Ich bin seit 1994 selbstständig im deutschsprachigen Raum tätig, habe aber auch in anderen Ländern gelebt und gearbeitet und über ein Dutzend Schulen besucht.

Bin ich also mutig? Wahrscheinlich schon.

Hatte ich nie Angst? Doch, sehr oft.

Hat sie mich von Dingen abgehalten? Selten.

In meiner Arbeit und auch im Privaten begegne ich immer wieder Frauen, die augenscheinlich nicht so mutig sind. Frauen, die gern etwas ändern würden, es aber einfach nicht tun.

Gleichzeitig merke ich, dass die Arbeit mit mir sie oft mutiger macht. Wie eine Klientin einmal zu mir sagte: „Sie haben mir geholfen, meine Tigerin aus dem Käfig zu holen."

Das ist auch mein Ziel für dieses Buch. Ich möchte dir helfen, deine Tigerin aus dem Käfig zu holen. Mutig zu sein, obwohl du Angst hast. Dinge umzusetzen, Gespräche zu führen und Träume zu verwirklichen, für die dir bis dato der Mut gefehlt hat.

Um dich dabei zu unterstützen, habe ich am Ende jedes Kapitels Übungen und Tipps eingefügt. Die Übungen werden dich Zeit kosten, doch mutig werden ist Übungssache. Die wenigsten Menschen werden mutig geboren. Wirst du nach der Arbeit mit diesem Buch weniger Angst haben? Wahrscheinlich nicht, aber du wirst vieles trotzdem tun und mutiger sein. Dabei wünsche ich dir viele Erkenntnisse und tolle Erlebnisse.

Deine

Heike M. Cobaugh

Die Welt der Tigerin

Die Tigerin und natürlich auch ihr männliches Pendant sind wunderschöne Tiere. Sie gehören zu den Großkatzen und sind aufgrund ihrer Größe und des charakteristischen dunklen Streifenmusters auf goldgelbem bis rotbraunem Grund unverwechselbar.

Tiger sind oft Einzelgänger und trotzdem extrem flexibel, was ihren Lebensraum angeht. Sie leben in tropischen Regenwäldern, auf Grasland, in Sumpfgebieten und in unterschiedlichen Waldgebieten.

So wie der Löwe im europäischen oder afrikanischen Kulturraum als „König der Tiere" bezeichnet wird, wird der Tiger in asiatischen Kulturen „König des Dschungels", „Zar der Taiga" oder „Herrscher über alle Tiere" genannt. Bei einzelnen Volksstämmen hatte der Tiger bis in die jüngste Vergangenheit sogar den Status einer Gottheit.

In China gilt der Tiger als Symbol der Macht, Stärke und Tapferkeit und wird dem männlichen Element Yang zugeordnet. Der weiße Tiger wiederum steht für den Westen, den Herbst und ist damit ein Tier des weiblichen Prinzips Yin.

Seit mindestens 1500 Jahren spielt der Tiger als Sinnbild für Stärke eine wichtige Rolle in der traditionellen Medizin asiatischer Länder, insbesondere Chinas. Verschiedene Organe und Körperteile des Tigers sollen gegen Leiden wie Rheuma und Impotenz helfen, wobei sie meist zu Pulver zermahlen werden. Die Nachfrage nach diesen Produkten ist auch heute noch Ursache für Wilderei an Tigern und bedroht die Art in ihrer Existenz.

Jedes 12. Jahr ist in der chinesischen Kultur dem Tiger gewidmet. 1988 wählte Südkorea den Tiger als Symbol der Olympischen Spiele. Er ziert verschiedene Staatswappen, zum Beispiel das von Malaysia. Und Tiger-Staaten sind Staaten, die einen starken, wirtschaftlichen Aufschwung erlebt haben.

Auch im chinesischen Horoskop spielt der Tiger eine Rolle. Als drittes Zeichen im Horoskop steht er für Impulsivität und einen regen Geist. Im Zeichen des Tigers geborene Menschen sind beruflich ehrgeizig und erfolgreich. Man sagt den menschlichen „Tigern" Führungspotenzial nach und sie sind bekannt für ihre Ehrlichkeit. Auch ich bin im Zeichen des Tigers geboren. „Tiger" mögen es nicht, wenn man ihnen nach dem Mund redet, und lehnen Heuchelei und Falschheit ab. Sie sind meistens großzügige Menschen, die ihre materiellen Ziele aus eigener Kraft erreichen möchten. Tiger-Geborene gelten als mutig. Sie setzen sich für andere ein, sind oft attraktiv und können andere inspirieren.

Tiger sind wahrhaft mutige Tiere und genau deswegen auch das Tier, das ich als Symbol für dieses Buch gewählt habe. Mutig, schön, einzigartig, kraftvoll, und leider vom Aussterben bedroht.

Mut – was ist das eigentlich?

Laut Duden ist Mut:

1. die Fähigkeit, in einer gefährlichen, riskanten Situation seine Angst zu überwinden; Furchtlosigkeit angesichts einer Situation, in der man Angst haben könnte.

2. die grundsätzliche Bereitschaft, angesichts zu erwartender Nachteile etwas zu tun, das man für richtig hält.

Einige Synonyme für Mut sind: Beherztheit, Draufgängertum, Heldentum, Kühnheit, Tapferkeit, Unerschrockenheit, Courage, Mumm.

Heißt das also, Mut ist immer das Gegenteil von Angst und Furcht? Und wer Mut hat, hat keine Angst? Genau das glaube ich nicht. Ich glaube, dass der Großteil der mutigen Menschen durchaus Angst und/oder Furcht hat, aber sie tun trotzdem das, was man allgemein als mutig nennen würde. Und je mehr dieser Dinge sie tun, desto geringer wird ihre Angst oder Furcht.

Doch wenn jemand mutiger sein möchte, sollte das Ziel nie sein, jegliche Angst zu verlieren, denn Angst ist ein wichtiger Überlebensmechanismus. Angst hilft uns, wach und aufmerksam zu bleiben, Risiken nicht ohne nachzudenken einzugehen und Gefahren gut abschätzen zu können, um sich im Notfall auch schnell entfernen oder schützen zu können.

Genau darum geht es auch in diesem Buch. Ich kann dir nicht beibringen, wie du deine Angst verlierst. Ich kann dir aber Wege aufzeigen, die dir helfen können, mutiger zu werden. Obwohl du Angst hast, das zu tun, was du für richtig hältst, auch wenn es dir vielleicht erst einmal Nachteile bringen könnte. Wobei ich aus eigener Erfahrung sagen kann, meistens sind die Nachteile, die man sich in der eigenen Phantasie ausgemalt hat, viel schlimmer als das, was letztendlich passiert, wenn man mutig ist.

Da ich nicht persönlich mit dir sprechen kann, sondern nur durch diese Zeilen, möchte ich sicherstellen, dass du nichts tust, was dir körperlich oder psychisch schaden könnte. Und sollte deine Angst dein gesamtes Leben existenziell einschränken, wie zum Beispiel bei einer Phobie, empfehle ich dir, auf jeden Fall professionelle Hilfe in Anspruch zu nehmen, denn dieses Buch kann keine Therapie ersetzen.

Doch wenn es darum geht, zum Beispiel

- mutig deine Meinung zu sagen,
- vor Menschen zu sprechen,
- auf wildfremde Menschen zuzugehen,
- mal was Neues auszuprobieren,
- mutig deine Träume zu verwirklichen,
- dich auch mal zu blamieren,

dann hast du wahrscheinlich das richtige Buch vor dir.

Mut ist nicht gleich Mut

Es gibt drei Grundformen von Mut: physischen Mut; psychologischen Mut (auch existenziell genannt) und moralischen Mut (auch sozialer Mut genannt).

Je nachdem mit welcher Situation du dich konfrontiert siehst, brauchst du die eine oder andere Form von Mut. Manchmal auch zwei gleichzeitig.

Wenn Leib und Seele in Gefahr sind, erfordert das physischen Mut. Zum Beispiel wenn jemand dich körperlich angreift.

Wenn die eigene Person Schaden nehmen könnte, ist psychologischer Mut wichtig. Zum Beispiel bei einer öffentlichen Rede.

Wenn die Gefahr einer sozialen Ausgrenzung besteht, hilft moralischer Mut. Zum Beispiel, wenn man auf der Arbeit einem Gruppendruck nicht nachgeben möchte oder ausspricht, was keiner sonst auszusprechen wagt.

Manche Menschen werden schon mutiger, wenn sie sich klarmachen, welche Art von Mut sie eigentlich genau benötigen. Nehmen wir einmal das Beispiel eines Zahnarztbesuches. Für viele Menschen ist er unangenehm bis hin zu panikauslösend. Ich persönlich befinde mich irgendwo zwischen den beiden Polen. Da hilft es mir, mir vorher zu überlegen, was genau mich beunruhigt. Dann kann ich mir im Vorfeld darüber Gedanken machen, was mir helfen könnte, und das dann auch gegenüber meiner Zahnärztin artikulieren.

Ich persönlich habe keine Angst vor ihr. Schließlich gehe ich schon seit über zwanzig Jahren in ihre Praxis. Ich habe auch keine Angst vor Schmerzen oder Spritzen. Mein Unbehagen fängt dann an, wenn der Stuhl nach hinten gefahren wird und zwei Personen sich mit unterschiedlichen Gerätschaften in meinem Mund zu schaffen machen. Ich bekomme dann sehr schnell ein Gefühl der Hilflosigkeit, des Ausgeliefertseins, ganz zu schweigen von einem starken Würgereflex. Deswegen sorge ich dafür, dass etwaige neue Mitarbeiterinnen wissen, dass sie den kleinen Sauger nehmen müssen. Das reduziert den Würgereflex. Ich bitte darum, zwischendrin immer wieder den Mund schließen zu dürfen und dass der Stuhl nicht zu weit nach hinten gekippt wird. Das gibt mir Sicherheit und das Gefühl, nicht so ausgeliefert zu sein.

Ist der Besuch deswegen für mich angenehmer? Selten. Doch für mich ist nicht hinzugehen keine Alternative. Also sorge ich für mich und schlage immer drei Kreuze, wenn der Besuch vorbei ist. Bis zum nächsten Mal …

Tipp:

Wenn du also Situationen kennst, die dich ängstigen, überleg dir genau, was dir daran Angst macht. Dann sorge so weit wie möglich für dich und dein Wohlbefinden. Oftmals geht ein Gefühl der Angst auch mit dem Gefühl des Kontrollverlusts einher. Also versuche das zu kontrollieren, was du kontrollieren kannst.

Mut, Angst und andere Gefühle

Jetzt haben wir uns ja schon ein wenig mit dem Thema Angst befasst, doch wenn es um Mut geht, haben

Menschen meistens keine Angst vor gewissen Situationen, sondern vor den Gefühlen, die sie bei ihnen auslösen. Sie haben Angst vor Gefühlen wie Panik, Schmerz, Ekel, Scham oder Hilflosigkeit bzw. Kontrollverlust. Die meisten von uns wollen möglichst Situationen vermeiden, die ihnen negative Gefühle bescheren. Das nennt man einen „Weg-von-Reflex". Das ist ja auch verständlich, denn diese Gefühle lösen unterschiedliche Körperreaktionen aus, wie etwa Herzrasen, exzessives Schwitzen, Zittern etc. Alles sehr unangenehm.

Doch wie entstehen Gefühle eigentlich? Es ist eine Art Kreislauf, der aus mehreren, chronologisch aufeinander folgenden Elementen besteht: Reiz ☞ Gedanke ☞ physiologische/chemische Reaktion im Gehirn ☞ Gefühl ☞ ähnliche Gedanken ☞ weitere Gefühle.

Gefühle sind momentane subjektive Empfindungen. Sie können positiv oder negativ sein, mit sehr unterschiedlicher Dauer und Intensität. Doch letztendlich geht jedem Gefühl ein Gedanke voraus. Das passiert oft so schnell, dass dieser Gedanke noch nicht einmal bewusst wahrgenommen wird. Es scheint so, als wäre das Gefühl sofort da.

Nehmen wir zum Beispiel Lampenfieber: Es ist selten die Angst vor dem freien Sprechen, die Menschen zu schaffen macht, sondern die Vorstellung, dass etwas grundsätzlich Peinliches passieren könnte. Das berühmte schwarze Loch. Es fehlen einem die Worte oder man sagt vielleicht etwas Dummes. Was ist, wenn die Zuhörer einen nicht ernst nehmen? Wenn man inkompetent wirkt und so weiter. Wir kreieren oft eine dramatische Version dessen, was passieren könnte. Je häufiger wir dies tun, desto besser werden wir darin. Das ist der berühmte Übungseffekt! Also kann es gut sein, sich in solchen Situationen zu fragen: Was befürchte ich eigentlich genau? Was könnte ich jetzt schon tun, damit die Gefahr, dass so etwas passiert, kleiner wird?

Übung: Die Wenn-dann-Technik

Diese Technik ist ein Mentaltraining, bei dem man mögliche subjektive Horrorszenarien bis zum bittern Ende durchspielt. Nicht um sich darin zu verlieren, sondern um im Vorfeld schon zu überlegen, was man in einer solchen Situation tun oder sagen könnte.

Nehmen wir das bereits erwähnte Beispiel der freien Rede und der Angst vor dem schwarzen Loch. Wenn du dir vorstellst, dass dir die richtigen Worte nicht einfallen, dann kannst du zum Beispiel Folgendes zum Publikum sagen: „Ich merke, ich habe den Faden verloren. Wo war ich gerade?" Ich habe immer wieder Klienten, die Angst vor diesem Moment haben, und ich übe mit ihnen genau diese Art der Reaktion. Aus eigener Erfahrung weiß ich, wie gut sie funktioniert. Auch bei einer großen Gruppe werden besonders die Zuhörer in der ersten Reihe bereit sein, mit einem Stichwort behilflich zu sein. Je mehr Situationen du dir überlegst und wie du dann reagieren könntest, desto besser bist du vorbereitet.

Anmerkung:

Je mehr Optionen du dir zurechtlegst, desto weniger wirst du sie brauchen. Vielleicht kennst du das von Prüfungen: Je mehr du gelernt hattest, desto weniger wurde gefragt. Das ist sozusagen „Murphys Gesetz" (Murphy's Law). Es geht auf den Ingenieur Captain Murphy zurück, der 1949 am Raketenschlittenprogramm der U. S. Air Force teilnahm. Damals ging einiges schief und er soll daraufhin gesagt haben: *„Was schiefgehen kann, wird auch schiefgehen. Nur ausgerechnet dann nicht, wenn man zeigen will, dass etwas schiefgeht."*

Die Wenn-dann-Technik ist auch eine gute Vorbereitung auf schwierige Gespräche: „Was tue ich, wenn derjenige dies, das oder jenes sagt?"

Mut sich den eigenen Ängsten zu stellen

Angst ist eigentlich nichts Schlechtes. Sie ist eine grundlegende Emotion, die uns hilft, Gefahren zu erkennen und entsprechend zu reagieren. Sie ist sozusagen eine Alarmreaktion unseres Körpers, die schon seit Urzeiten unser Überleben sichert. Doch sie kann uns auch behindern, besonders wenn wir mutig sein wollen. Paradoxerweise brauchen wir aber wiederum Mut, um uns unseren Ängsten zu stellen, trotz unserer Ängste Dinge anzugehen oder unangenehme Situationen durchzustehen.

Bei Angststörungen immer professionelle Hilfe suchen

Doch bevor ich in das Thema einsteige, wie du dich deinen Ängsten stellen kannst, möchte ich Folgendes klarstellen: Es ist zu unterscheiden zwischen Ängsten, die dich immer wieder mal daran hindern, Neues oder Ungewohntes auszuprobieren, und einer Angststörung. Von einer Angststörung spricht man dann, wenn jemand krankhaft übersteigerte, vielfältige Ängste hat. Und das, ohne dass derjenige sich wirklich in Gefahr befindet. Zum Beispiel Angst vor Menschen im

Allgemeinen oder Angst vor bestimmten Objekten oder Situationen. Dann spricht man von einer Phobie.

Diese Art von Ängsten entsteht letztendlich als Teil einer komplexen innerseelischen Geschichte. Sie verursacht meistens massive und zunehmende körperliche und psychische Beschwerden. Sie kann die normale Alltagsbewältigung extrem einschränken oder komplett verhindern. Solltest du an einer solchen Angst leiden, rate ich dir dringend, die Hilfe eines Therapeuten in Anspruch zu nehmen. Er kann dich bei der Bearbeitung deiner Angst unterstützen.

Ängste sollen uns normalerweise schützen

Doch zurück zu alltäglichen, nicht krankhaften Ängsten, die deinem Mut im Wege stehen. Erst einmal möchte ich eine Lanze für Ängste brechen. Auch wenn sie sehr lästig sein können und uns manche schlaflose Nacht bescheren, so haben sie doch grundsätzlich etwas Gutes, denn sie wollen uns immer vor etwas schützen oder bewahren. Zum Beispiel vor:

- Scham
- Angriffen (verbaler und körperlicher Art)

- Fehlern
- Misserfolg
- Krisen
- Niederlagen
- Wiederholungen
- Verletzungen und vielem mehr

In der Psychologie spricht man dann von einem Sekundärgewinn. Das ist die Annahme, dass auch ein störendes Verhalten oder störendes Gefühl für etwas gut sein kann. Also ist der erste Schritt, dich deinen Ängsten zu stellen, die Frage: Wofür ist meine Angst gut? Was will sie für mich erreichen?

Klingt erst einmal ein wenig ungewohnt? Das macht nichts. Ich kenne das gut. Als ich das erste Mal mit dieser Frage konfrontiert wurde, habe ich auch einen inneren, teilweise sehr starken Widerstand empfunden. Schließlich wollte ich das lästige Gefühl loswerden und mir nicht Gedanken darüber machen, wofür es gut sein könnte! Aber als langjährige Buddhistin weiß ich auch, dass annehmen, was momentan ist (äußerlich wie innerlich), der erste Schritt zur Auflösung von Leid ist. Und Ängste verursachen uns auch viel Leid, nicht wahr?

Die folgende Übung soll dir helfen, deine Ängste anzunehmen und zu erforschen, wofür sie gut sein könnten. Sozusagen die positive Absicht hinter den Emotionen zu entdecken. Warum das wichtig ist? Erst einmal um Frieden mit der Angst zu schließen. Zweitens um sicherzustellen, dass der Sekundärgewinn des alten Verhaltens auch bei der Umstellung berücksichtigt wird. Vielleicht möchtest du dich ja beruflich verändern. Deine Angst hält dich davon ab, diesen Schritt aktiv anzugehen. Gleichzeitig schützt sie dich davor, möglicherweise deine Freunde zu verlieren, denn du müsstest deinen Wohnort wechseln. Wenn du dir dessen bewusst bist, kannst du dir schon im Vorfeld überlegen, wie du sicherstellen kannst, den Kontakt zu deinen Freunden zu halten. Auch wenn du für den beruflichen Wechsel umziehen musst.

Übung: Annehmen, was ist, und herausfinden, wofür es gut ist

Für diese Übung brauchst du Papier und Stift. Zieh dich an einen Ort zurück, an dem du für eine Stunde ungestört nachdenken und arbeiten kannst.

Schritt 1:

Jetzt schreib als Erstes alle Gedanken auf, die dir zu der Frage: „Wofür ist meine Angst gut?" einfallen. Solltest du einen starken Widerstand in dir fühlen, dich mit deiner Angst auseinanderzusetzen, dann nimm erst einmal drei tiefe Atemzüge und versuch dir deine Angst innerlich als kritischen, aber positiven Ratgeber vorzustellen. Vielleicht kommt dir dazu gleich ein Bild von jemandem, den du kennst, oder auch von einem Phantasiegebilde. Falls du innerlich nichts wahrnimmst, dann stell dir einfach eine bekannte Person vor, zum Beispiel einen Schauspieler oder eine Schauspielerin, die für dich diese Qualitäten verkörpern – kritisch und positiv. Statt des Wortes positiv kannst du auch das Wort wohlwollend benutzen. Ich mag dieses Wort lieber, da wohlwollend für mich eine zugewandte, sympathische Qualität hat. Nichts Böses wollend, sondern mein Bestes im Sinn.

Jetzt frag diese Person (deine Angst), was sie Gutes für dich will. Sei gefasst darauf, dass manche Antworten für dich anfänglich keinen Sinn ergeben werden. Schreib sie trotzdem auf. Sollte dir nichts mehr einfallen, mach eine kleine Pause, dann setz dich noch einmal hin und warte auf weitere Antworten.

Anmerkung 1:

Am Anfang wirst du wahrscheinlich erst einmal negative Antworten bekommen. Das ist ein Zeichen dafür, dass dein Bewusstes noch zu sehr damit beschäftigt ist, die Angst in eine negative Ecke zu schieben, und nicht zulassen kann, dass sie auch etwas Positives bedeuten könnte. Doch nach einer Weile werden Antworten aus deinem Unbewussten kommen. Sie werden positiver sein.

Anmerkung 2:

In der Psychologie definiert man Bewusstsein als Gesamtheit aller jener psychischen Vorgänge, durch die sich der Mensch der Außenwelt und seiner selbst bewusst wird.

Das Unbewusste wiederum ist ein Bereich der menschlichen Psyche, der dem Bewusstsein nicht direkt zugänglich ist, aber ihm zugrunde liegt und erheblichen Einfluss auf Denken, Handeln und Fühlen eines Menschen hat.

Schritt 2:

Jetzt lies dir deine Antworten nacheinander, laut und langsam vor. Mach nach jeder Aussage eine Pause und spür nach, wie sie sich für dich anfühlt. An der einen oder anderen Stelle wird es vielleicht auch etwas emotional für dich. Lass auch das einfach zu. Dann bedank dich bei deiner Angst dafür, was sie alles für dich erreichen möchte.

Schritt 3:

Jetzt nimm dir ein zweites Blatt Papier und schreib für jede Antwort auf Blatt 1 auf, wofür das wieder gut sein könnte.

Hier ein Beispiel:

Antwort 1: *Sie (die Angst) will mich vor Niederlagen schützen.*

Frage: *Wofür ist das gut, dass sie mich vor Niederlagen schützen will?*

Antwort 2: *Damit ich mir nicht wie ein Versager vorkomme.*

Schritt 4:

Der letzte Schritt dieser Übung soll dir helfen, trotz möglicher Ängste mutig zu sein. Eine letzte Frage, die da lautet: Was kann ich dann Gutes für mich tun?

Nehmen wir wieder das oben genannte Beispiel.

Frage: *Was kann ich dann Gutes für mich tun oder was kann ich dann denken, wenn ich mich als Versager fühlen sollte?*

Mögliche Antwort: *Ich belohne mich mit einem Cappuccino dafür, dass ich es versucht habe, und überlege dann in Ruhe, was ich das nächste Mal anders machen kann.*

Dieser letzte Schritt ist extrem wichtig, denn er sorgt dafür, dass du dieses für dich negative Ergebnis als das sehen kannst, was es ist: ein temporäres Ereignis, das du ändern kannst, indem du das nächste Mal etwas anderes versuchst. Statt darüber nachzudenken, was alles falsch gelaufen ist, denk darüber nach, was du ändern kannst. Das ist ein lösungsorientierter Ansatz statt eines problemorientierten Ansatzes, der meistens nur zu Frust, Selbstkasteiung und mehr Angst führt.

Anmerkung:

Diese Art der Fragestellung ist auch sehr hilfreich, um konstruktiv mit Fehlern umzugehen. „Wenn ich es noch einmal zu tun hätte, was würde ich dann anders machen?" statt „Was habe ich alles falsch gemacht?"

Durch diese Art der Vorplanung für das nächste Mal reduziert sich auch die Angst. Du hast ja sozusagen schon einen Trockenlauf gemacht und bist jetzt besser vorbereitet.

Angst verursacht in uns ja oft auch die Hilflosigkeit, die wir verspüren, wenn etwas nicht so läuft, wie wir es uns erhofft hatten. Außerdem reduziert das auch das gedankliche Verweilen in Horrorszenarien, die unser Gehirn mit Vorliebe fabriziert, wenn wir keine Gegenmaßnahme parat haben.

Ist Mut genetisch angelegt?

Es gibt wissenschaftliche Studien, die nahelegen, dass Mut zu einem Großteil eine genetische Veranlagung ist. Was aber nicht bedeutet, dass nicht auch Prägung eine große Rolle spielt. Interessanterweise wird die Prägung oft unbewusst der genetischen Veranlagung angepasst und verstärkt sie noch. Zum Beispiel, wenn ein Kind eher schüchtern wirkt, werden Eltern es selten dazu auffordern, die eigenen Grenzen auszuloten oder auch einmal mutig zu überschreiten, besonders wenn das Kind ein Mädchen ist. Denn Schüchternheit ist auch heute immer noch ein attraktives weibliches Attribut. Von Jungen wird schon eher verlangt, mutiger zu sein. Was dazu führen kann, dass die eigene genetische Veranlagung durch Übung und Prägung langsam verändert wird. Mut wird sozusagen antrainiert.

Grundsätzlich tragen unsere Eltern dazu bei, ob wir mutig durch das Leben gehen oder nicht. Und das tun sie schon in unserer frühesten Jugend. Seit einiger Zeit lässt sich diesbezüglich ein beunruhigender Trend beobachten.

Herumschwirrende Helikopter-Mütter

Kennst du den Begriff Helikopter-Mütter? Er kursiert seit einiger Zeit in den Medien. Geprägt wurde er, glaube ich, von Lehrern, die sich über die zunehmenden Forderungen vonseiten der Eltern, speziell der Mütter, beschwerten. Neulich las ich ein Interview mit einem Grundschuldirektor, der amüsante, aber zum Teil auch erschreckende Erfahrungen mit Helikopter-Müttern gemacht hatte. Aus seiner Sicht gibt es da drei unterschiedliche Modelle – jede Mutter mit einer eigenen Mission und selten zufriedenzustellen.

1. Der „Kampfhubschrauber"

Mütter, die der Meinung sind, dass ihr Kind immer alles richtig macht und besonders begabt ist. Eventuell sogar hochbegabt. Wenn das im Unterricht nicht zu erkennen ist, liegt das wahrscheinlich an den anderen Kindern oder am inkompetenten Lehrer. Wie zum Beispiel bei der Tochter einer Bekannten. Die Mutter bestand darauf, dass ihre Tochter einen anderen Sitzplatz erhält. Sie ließ diesbezüglich auch nicht mit sich reden. Warum? Weil die aktuelle Tischnachbarin die Kleine vom Lernen ablenken würde. Die Kleine war fünf! Ich persönlich habe mich auch darüber gewundert, woher die Mutter das eigentlich wissen wollte. Schließlich saß sie ja nicht neben ihrer Tochter …

Diese Mütter sind immer im Angriffsmodus. Denn die Schule ist voller Feinde, die nur danach schauen, wie sie dem Kind schaden können. Besonders die Lehrer. Was lernen Kinder durch solche Mütter? Dass letztendlich andere dafür verantwortlich sind, wenn Dinge nicht so gut laufen. Und sie lernen auch, dass Mutti alles regelt. Das macht nicht unbedingt mutig. Besonders wenn diese Kinder dann irgendwann älter als fünf sind und Mami immer noch alles regelt!

2. Der „Versorgungshubschrauber"

Die zwölfjährige Anja hat ihre Hausaufgaben zu Hause vergessen oder einen Pulli oder den Pausenapfel. Macht nichts. Mama kommt und bringt, was vergessen wurde. Gern auch bis ins Klassenzimmer und mitten in den Unterricht. Da spielt es auch keine Rolle, wenn Mama dann selbst zu spät zur Arbeit kommt. Dafür müssen die Kollegen und der Chef Verständnis haben. Schließlich ist sie Mutter. Und wenn das nicht akzeptiert und berücksichtigt wird, ist sie unzufrieden wegen der familienfeindlichen Atmosphäre am Arbeitsplatz.

Und was lernt Anja durch das Verhalten ihrer Mutter? Sie lernt, dass das eigene Vergessen keine

Konsequenzen hat. Und muss damit auch nicht mit ihnen zurechtkommen. Sie muss nicht für den eigenen Fehler einstehen und die möglichen unangenehmen Gefühle aushalten, die damit einhergehen. Beziehungsweise zukünftig dafür sorgen, dass sie diesen Fehler nicht noch einmal macht. Im Notfall denkt ja Mama dran.

3. Der „Rettungshubschrauber"

Diese Mütter müssen retten! Egal, ob es wirklich nötig ist oder nicht. Ein kleiner Schniefer, und das Kind bleibt zu Hause. Ein kleiner Streit in der Schule und Mutti fordert ein sofortiges Gespräch mit der Lehrerin. Aber sie retten nicht nur ihre Kinder, sondern sind auch sonst immer schnell zur Stelle, wenn es um Verbesserungsvorschläge, Unterstützung oder um einen selbstlosen Einsatz ohne Ruhm geht. Sie sehnen sich nach Anerkennung, können aber meistens schlecht mit Lob umgehen. Man sieht ihnen an, dass ihnen das peinlich ist. Doch bekommen sie keine Anerkennung, sind sie oft tief enttäuscht.

Deren Kind lernt, dass Frauen andere retten und das Streben nach Anerkennung durch andere zum Lebensinhalt werden kann. Und gerade wenn es um Mut geht, ist es möglich, dass unser Verhalten erst einmal nicht entsprechend gewürdigt wird. Wenn wir aber gelernt haben, von der Anerkennung anderer abhängig zu sein, werden wir wahrscheinlich auch nicht mutig genug sein, um zum Beispiel später einmal ein Kritikgespräch zu führen. Wir vermuten, dass der andere nicht begeistert sein wird. Da lassen wir es lieber ganz.

Dieses Phänomen der Konfliktvermeidung begegnet mir in meiner täglichen Arbeit mit Coachingklientinnen. Aber fairerweise muss ich zugeben, dass auch viele meiner männlichen Klienten Konflikte gern vermeiden. Doch der entscheidende Unterschied ist der, dass die Frauen eher Furcht vor solchen Gesprächen haben, während meine männlichen Klienten eher genervt davon sind.

Wenn ich sie frage, warum sie zum Beispiel eine gerechtfertigte Kritik nicht äußern, bekomme ich als Erstes zu hören: „Ich will den anderen nicht verletzen. Ich möchte nicht, dass sie sauer ist usw." Was sie aber wirklich sagen, ist: „Ich möchte mich nicht unbeliebt machen. Ich möchte gemocht werden. Ich halte es nicht aus, wenn ich unangenehm auffalle." Das endet dann sehr oft in einer Frage wie dieser: „Wie kann ich den anderen kritisieren, ohne dass er sich kritisiert fühlt oder verletzt ist?" Diese Frauen haben insbesondere Angst vor der Reaktion anderer Frauen. Sie befürchten, dass die Kritisierte nachtragend ist und sich in irgendeiner Weise rächen wird.

Das Interview mit dem Grundschuldirektor zeigte übrigens ein Foto, auf dem ein Schild zu sehen war, das genau in dieser Grundschule an der Eingangstreppe angebracht war. Darauf war zu lesen: *„Liebe Mütter, ab diesem Punkt können Ihre Kinder alleine weitergehen."*

Helikopter-Mütter sind Mütter, die Angst haben, ihr Kind könnte nicht mitkommen, sich erkälten, unbeliebt sein, keine guten Noten bekommen usw. Und das wiederum könnte ja so interpretiert werden, dass sie keine guten Mütter sind. Diese Mütter versuchen krampfhaft, alles zu kontrollieren und vermitteln damit ihren Kindern den Eindruck, dass das auch möglich ist. Und unbewusst übertragen sie natürlich auch ihre eigene Ängstlichkeit. So entstehen ängstliche Perfektionistinnen. Die Grundbotschaft lautet: Die Welt ist ein böser Ort und Perfektionismus schützt dich davor, Schaden zu nehmen. Nur kann dieses Verhalten auch zu einer selbsterfüllenden Prophezeiung führen. Oder wie der bekannte Psychotherapeut Paul Watzlawik schon sagte, das eigene Vermeidungsverhalten führt dazu, mehr von dem zu bekommen, was man eigentlich nicht möchte.

Mütter sind nicht immer die besten Vorbilder

Mütter und Töchter ist ja auch so ein Thema, über das schon viel geschrieben wurde. Viele Frauen haben ein ambivalentes Verhältnis zu ihrer Mutter. Auf der einen Seite lieben wir unsere Mutter, sehnen uns nach ihrer Anerkennung und Liebe, gleichzeitig stehen wir aber auch oft in Konkurrenz zu dieser Frau und auch umgekehrt. Man denke nur an die ewig jung gebliebenen Mütter, die stolz darauf sind, wenn sie die Klamotten ihrer Tochter tragen können, und jedes Mal glücklich lächeln, wenn jemand behauptet, sie sähen aus wie die Schwester ihres eigenen Kindes. Ich kenne Mütter, die nicht davor zurückschrecken, mit den Freunden der Tochter zu flirten!

Unsere Mutter ist letztendlich unser erstes Vorbild, bezogen auf unser eigenes Frauenbild. Sie gibt uns mit auf den Weg, wie eine Frau zu sein hat; wie eine Frau sich verhält; was wichtig ist und was nicht. Und sie hat durchaus auch Einfluss darauf, ob wir als mutiges Mädchen heranwachsen oder eher nicht. Denn schließlich lernen alle Menschen von diversen Vorbildern. Und genau hier wird meistens schon der erste Samen für unser Mutigsein gelegt – oder eben nicht.

Mütter sind unser erstes Vorbild in puncto Weiblichkeit, Zufriedenheit und auch Mut. Und leider sind sie gerade bei Mut oft kein gutes Vorbild. Viele von uns erlebten in ihrer Kindheit Mütter, die selten mutig waren. Und einige von uns erleben heute noch Mütter, die sie ermahnen, gewisse Dinge nicht zu tun, gewisse Sachen nicht zu sagen. Man könnte sich ja unbeliebt machen. Das Ziel vieler Mütter ist immer noch, dass ihre Töchter nett und angepasst sind. Sie sollen nicht zu viel Aufmerksamkeit auf sich ziehen und alle sollen ein positives Bild von ihnen haben. Schließlich könnte ein schlechtes Image ja auch auf die Mütter zurückfallen. Kein Wunder, dass viele Frauen ein gespaltenes Verhältnis zu dem Thema Mut haben.

Wie war das denn in deiner Kindheit? Hattest du eine Mutter, die sich mehr darum sorgte, was andere dachten, als sich um deine Persönlichkeitsentwicklung zu kümmern? Die versuchte, dich nach einem Ideal zu formen, das ihrem Bild von einer perfekten Tochter entsprach, aber nicht unbedingt deiner Persönlichkeit?

Doch die viel wichtigere Frage ist: „Welches Vorbild sind wir eigentlich für unsere Töchter? Wie Bascha Mika, Redaktionsleitung der Frankfurter Rundschau, in ihrem Buch ‚Die Feigheit der Frauen: Rollenfallen und Geiselmentalität; eine Streitschrift wider den Selbstbetrug' an mehreren Stellen moniert, bewegt sich die Emanzipation der Frauen wieder rückwärts. Junge Frauen streben wieder alte Rollenbilder an und somit bleiben eigene Bedürfnisse auf der Strecke.

Angepasstsein ist zum Teil wieder mehr angesagt, als mutig zu sein und aus der Menge herauszustechen.

Was ist eigentlich mit den Vätern?

Doch nicht nur Mütter dienen als Vorbild, wenn es um Mutigsein geht. Auch Väter spielen dabei eine entscheidende Rolle. Man hat festgestellt, dass gerade viele erfolgreiche und mutige Frauen oftmals einen motivierenden Vater hatten, der ihnen zutraute, dass sie alles Mögliche schaffen könnten. Besonders unterstützend sind anscheinend Väter, die keine weiteren Kinder haben. Insbesondere keine Jungen. Sie stehen ihren Töchtern oft mit Rat und Tat zur Seite. Etwas, was sie sonst eher bei Jungen tun. Ein solcher Vater neigt dazu, erfolgsorientiertes Verhalten bei seiner Tochter zu unterstützen und zu fördern. Ich weiß, wovon ich rede, denn ich bin ein solches weibliches Einzelkind und hatte einen solchen Vater.

Mein Vater hat mir immer gesagt, ich könnte alles erreichen, was auch ein Junge erreichen kann. Er hat mich gefordert und gefördert und sicherlich manchmal auch überfordert. Doch er machte mich auch mutig. Was Risikobereitschaft und Mut anging, war mein Vater mein größtes Vorbild. Ich wollte ihn stolz machen durch mutiges Handeln.

Und er wollte immer, dass ich lerne, mich durchzusetzen und mit schwierigen Situationen umzugehen. Dass ich mir berufliche Ziele setze und sie auch erreiche. Selbst wenn es bedeutete, Risiken einzugehen und mich unbeliebt zu machen. Er hat mir auch beigebracht, nicht so viel auf die Meinung anderer zu geben und mir selbst treu zu bleiben. Was meinen Mut angeht, habe ich meinem Vater eine Menge zu verdanken.

Natürlich habe ich an der einen oder anderen Stelle auch einen Preis dafür bezahlt, wenn andere mich als zu dominant empfanden oder sich an meiner „Stärke" rieben. Was sie übrigens heute immer noch tun. Doch ich bin immer noch der Meinung, dass es sich lohnt, mutig zu sein. Letztendlich lebt man nur einmal und deswegen sollte man auch sein eigenes Leben leben und nicht eines, das andere einem zugedacht haben.

Meine Mutter hätte sicherlich lieber eine sanftmütige Tochter gehabt, die nicht so auffällt und polarisiert. Nett, hübsch, schlanker und angepasster. Doch ich weiß, dass sie mich auch immer wieder bewundert für meine Art, Dinge anzugehen. Dass ich mich nicht unterkriegen lasse. Jetzt, wo ich über 50 bin, höre ich immer wieder mal von ihr, wie stolz sie auf mich ist. Gleichzeitig ist sie doch sehr beruhigt, dass ich nach vielen Jahren des Singledaseins wieder einen Partner habe. Tief drinnen ist sie wahrscheinlich schon der

Meinung, dass eine Frau einen Beschützer und Versorger braucht.

Mut, sich von den Eltern freizuschwimmen

Wir haben vieles von unseren Eltern übernommen, manchmal mehr, als uns lieb ist. Trotzdem ist es wichtig, dass wir mutig unseren Weg gehen. Dass wir uns von ihnen unterscheiden und unsere eigene Persönlichkeit entwickeln.

Doch für viele junge Frauen ist dies besonders schwer, denn schon als kleines Mädchen haben sie fast seismografische Fähigkeiten entwickelt: immer auf Empfang, wenn es um das Wohlbefinden und auch das Wohlwollen der Eltern geht. Manche haben eine beinahe symbiotische Beziehung zu einem Elternteil oder zu beiden, was unbewusst auch von vielen Eltern forciert wird. Das behindert eine eigenständige, selbstbewusste Entwicklung.

Wer mehr zu dem Thema lesen möchte, dem empfehle ich die Bücher von Dr. Michael Winterhoff. Er ist Kinder- und Jugendpsychiater sowie Psychotherapeut mit eigener Praxis in München. Er befasst sich vorrangig mit psychischen Entwicklungsstörungen im Kindes- und Jugendalter aus tiefenpsychologischer

Sicht. Seine Bücher sind zum Teil polarisierend, aber immer auf den Punkt.

Anmerkung:

„Das Wort Symbiose beschreibt in der Psychologie bestimmte Formen von Abhängigkeit. Der Begriff stammt ursprünglich aus der Biologie und beschreibt hier evolutionär entstandene Formen des funktionalen Zusammenlebens artfremder Individuen zum wechselseitigen Nutzen.

Bezogen auf menschliche Beziehungen haftet dem Begriff meist eine negative Bedeutung an, sofern gelingendes Leben am Maß entwickelter Selbständigkeit und persönlicher Individuation gemessen wird. Symbiotische Beziehungen gelten als minderwertige, entwicklungshemmende oder geradezu schädigende Lebensformen, in der erwachsene Unabhängigkeit und Reife zugunsten der Befriedigung infantiler Bedürfnisse verfehlt werden." *Quelle: Wikipedia*

Kleine Mädchen sollen meistens funktionieren

Letztendlich erfahren auch heute noch viele kleine Mädchen und weibliche Jugendliche, dass sie am meisten Anerkennung und auch Liebe erfahren, wenn sie funktionieren. Und „funktionieren" heißt in diesen Fällen, so wie die Eltern es brauchen, um sich selbst wohlzufühlen.

Bei Jungen wird eher mal ausbrechendes Verhalten, Ausprobieren und Abnabelung akzeptiert. Schließlich sollen auch heute noch Jungen zu selbstbewussten, eigenständigen und erfolgreichen Männern heranwachsen. Und wozu sollen Mädchen werden?

Ich glaube, dass viele Eltern keine wirklich klare Vorstellung davon haben oder oftmals auch noch einem eher traditionellen weiblichen Bild nacheifern. Mädchen sollen fürsorglich, höflich, zuvorkommend, nicht zu dominant sein. Sich auf keinen Fall in den Vordergrund spielen und auch wenig Risiken eingehen und so weiter. Letztendlich geht es um eine gewisse Angepasstheit und die lernen Mädchen erst einmal im eigenen Elternhaus.

Das macht nicht unbedingt mutig, fördert selten die Risikobereitschaft und im Extremfall lässt es eine Sucht nach Anerkennung und Liebe erwachsen, die viele Frauen ein ganzes Leben lang begleitet. Zum Teil auch behindert.

Die Anerkennungsfalle

Was die Anerkennungsfalle angeht, so brauche ich gar nicht bei anderen Frauen zu schauen, sondern kann gleich bei mir bleiben.

Mein Vater war für mich bis Ende dreißig die zentrale Person in meinem Leben (emotional gesehen, und das, obwohl ich verheiratet war). Er war brillant. War fast sein ganzes Leben selbstständig tätig, dominant und oftmals auch cholerisch. Ich bin Einzelkind und hatte dementsprechend, wie es oft bei Mädchen ist, eine enge Beziehung zu meinem Vater.

Ich hatte meistens Angst vor seinen cholerischen Ausbrüchen. Nicht dass er jemals handgreiflich geworden wäre, aber seine Wut konnte schon beängstigend sein. Und letztendlich wusste ich auch nie, wann sie ausbrechen würde. Sie galt auch sehr oft gar nicht mir, sondern manchmal ganz alltäglichen Situationen oder anderen Menschen, über die mein Vater sich ärgerte. Letztendlich führte sie aber dazu, dass ich mir zunehmend so vorkam, als würde ich mich auf rohen Eiern bewegen. Jederzeit konnte eins zerbrechen.

Die Folge war, dass ich meistens versucht habe zu funktionieren und immer darüber nachgedacht habe, welche Auswirkungen mein Verhalten auf meinen

Vater oder meine Eltern haben würde. Natürlich habe ich mit zunehmendem Alter das getan, was ich für richtig hielt, und bin auch das eine oder andere Mal über das Ziel hinausgeschossen oder habe mich selbst in schwierige Situationen gebracht. Und obwohl ich nach außen hin schon fast draufgängerisch war, hatte ich immer ein schlechtes Gewissen. Ich fühlte mich lange schuldig. Oder vielleicht sollte ich sagen, ich fühlte mich, als wäre ich nicht ok für meine Eltern, so, wie ich bin.

Gleichzeitig habe ich meinen Vater sehr geliebt und habe Jahrzehnte nach seiner Anerkennung gesucht. Beziehungsweise habe stark darunter gelitten, wenn er mir offen seine Kritik kundtat oder Dinge, die mir wichtig waren, ablehnte. Das waren für mich Verletzungen, die ich letztendlich nur durch zahlreiche Therapiesitzungen auflösen konnte.

Es geht mir hier nicht darum, meinen Vater schlecht dastehen zu lassen oder immer den Eltern die Schuld zu geben. Natürlich weiß ich jetzt, dass mein Vater auch nur ein Produkt seiner eigenen Herkunft war und ich vielleicht auch Dinge von ihm wollte, die er einfach nie gelernt hatte zu geben. Gleichzeitig habe ich aber auch viele Dinge von ihm gelernt und witzigerweise habe ich durch die Reibung an ihm, die wiederholten bitteren Auseinandersetzungen und seine fordernde Art mein heute starkes Selbstbewusstsein und sicherlich auch meine Dominanz gelernt. Heute weiß ich vieles zu schätzen, was viele Jahre nur schmerzlich war. Andere Dinge habe ich einfach losgelassen. Trotzdem hätte ich mir gewünscht, dass vieles anders gelaufen wäre. Doch wie der Kölner sagt: „Et küt, wie et küt."

Ich weiß, dass mein Vater auch mich sehr geliebt hat und dass ich mich in Notsituationen immer auf ihn verlassen konnte. Und ich weiß auch, dass viele Themen eher in meinem Kopf waren und weniger sein Thema. Auch wenn ich ihn oftmals dessen bezichtigte.

Er war privat und beruflich ein mutiger Mann. Das habe ich mir von ihm abgeschaut. Im Gegensatz zu vielen ängstlichen Eltern hat er mir auch immer gesagt, dass ich alles tun kann, was auch Männer tun (auch wenn er es dann nicht immer so gut fand, wenn es ihn selbst betraf …). Weil er für mich so wichtig war, war seine Anerkennung für mich so elementar und seine Kritik so niederschmetternd. Doch ich konnte mich innerlich später davon freimachen und mutig meinen eigenen Weg gehen. Ohne Schuldgefühle.

Das wünsche ich auch dir. Lass dich nicht von deinem Bedürfnis nach Anerkennung bestimmen. Egal ob es dabei um deine Eltern, deinen Partner oder deine Bekannten und Freunde geht. Finde deinen Weg und geh ihn, auch wenn es anderen nicht immer gefällt. Nur durch Ausprobieren werden wir zu eigenständigen und auch mutigen Frauen, die dafür einstehen, wer sie sind, und Verantwortung übernehmen, wenn etwas mal nicht klappt. Und das wird passieren. Wir machen Fehler und wir wachsen daran. Wir sind auch nicht dazu da, das Leben unserer Eltern zu leben oder deren verpasste Chancen nachzuholen.

Übung: Die Eltern ehren und das eigene Leben leben

Die folgende Übung stammt aus der Systemischen Aufstellungsarbeit. Sie funktioniert am besten im Stehen. Nimm dir eine halbe Stunde Zeit und such dir einen Raum, in dem du ungestört arbeiten kannst.

Stell dich im Raum auf und stell dir vor, deine Eltern oder der für dich problematische Elternteil steht vor Dir. Schau ihnen oder ihm in die Augen. Jetzt verbeug dich tief und bedank dich bei ihnen für alles, was sie für dich getan haben.

„Lieber Papa, ich danke dir für …"

Liebe Mama, ich danke dir für …"

Benutz den Namen, mit dem du sie ansprichst, sei es Papa, Papi, Mama, Mami oder etwas anderes. Sprich ihn am besten laut aus und nicht nur in Gedanken. Bedank dich dafür, dass sie dir das Leben geschenkt haben. Ohne sie wärst du nicht hier. Auch wenn du ein sehr problematisches Verhältnis zu ihnen hast/hattest oder viel Negatives vorgefallen ist, so gebührt ihnen trotzdem Dank.

Dann überleg dir alle Verhaltensweisen, Eigenschaften oder anderen Dinge, die du von ihnen übernommen hast, aber nicht mehr haben willst. Gib sie ihnen dankend zurück. Zum Beispiel: *„Ich danke dir für deine Sorgen und deine Ratschläge um und für mein Leben, doch ich brauche sie nicht mehr und gebe sie dir dankend zurück. Das sind deine Emotionen und ich gebe sie dir dankend zurück."* Und so weiter.

Stell dir vor, wie du ihnen all das wie ein Paket überreichst und sie es dir abnehmen. Wenn du spürst, dass du alles gesagt hast, verbeuge dich noch einmal tief vor ihnen, schau ihnen in die Augen und sag:

„Lieber Papa, ich gebe dir die Ehre."

„Liebe Mama, ich gebe dir die Ehre,"

Die Ehre geben bedeutet, dass du sie als deine Eltern voll und ganz annimmst, auch wenn du vieles an ihnen nicht magst oder sie dich verletzt haben sollten.

Dann dreh dich um und geh von ihnen weg. Manchmal gehen sie in deiner Vorstellung auch von dir weg, was nicht als schlechtes Zeichen zu werten ist. Es bedeutet vielmehr symbolisch, dass sie in ihr eigenes Leben zurückgehen.

Bei dieser Übung ist es auch nicht wichtig, ob deine Eltern noch leben. Sie können schon lange tot sein. Diese Übung dient dazu, mit deinen eigenen Gefühlen und den Eltern Frieden zu schließen. Dabei ist es auch egal, wie alt du bist. Ich habe schon erlebt, wie sich siebzigjährige Frauen vor ihren Eltern verneigt haben.

Anmerkung:

Sei nicht erschrocken, falls diese Übung für dich sehr schnell sehr emotional werden sollte. Das ist nur ein Zeichen, dass du persönlich involviert bist und diese Übung dich tief berührt. Am besten gleich zu Anfang eine Packung Taschentücher in der Hosentasche haben.

Falls dir diese Übung zu schwierig oder eventuell zu esoterisch erscheint (obwohl es keine esoterische Technik ist), hier noch eine andere Übung:

Übung: Schreib es auf und lass es los

Auch hier wäre es gut, wenn du dir einen ungestörten Platz suchst, an dem du 60 Minuten oder länger arbeiten kannst.

Setz dich mit etwas Papier und einem Stift hin und schreib deinen Eltern oder einem Elternteil einen Brief. Du fängst wieder damit an, ihnen für alles zu danken, was du von ihnen bekommen hast.

Dann schreib, genau wie bei der ersten Übung, alles auf, was du ihnen dankend zurückgeben möchtest. Hier wäre auch Raum für alle anderen Emotionen oder Verletzungen, die du vielleicht durch ihr Verhalten oder ihre Worte erlebt hast. Du kannst ruhig ehrlich sein, auch wenn die geschriebenen Worte vielleicht nicht so nett klingen. Lass alles raus. Nimm dir Zeit. Vielleicht musst du auch erst einmal unterbrechen, falls es zu emotional für dich werden sollte. Dann schreibst du zu einem späteren Zeitpunkt weiter.

Sobald du das Gefühl hast, dass der Brief zu Ende ist, kommt der nächste Schritt. Übergib diesen Brief dem Feuer, also zünde ihn an, damit er verbrennen kann. Mach das zum Beispiel über einem Waschbecken oder einer feuerfesten Schüssel. Manche gehen mit ihrer Schüssel auch in die Natur. Wichtig ist nur, dass keine Funken auf etwas Brennbares fallen können. Schließlich willst du ja keinen (Haus-)Brand entfachen. Ich würde das Ganze auch nicht unter einem Feuermelder machen.

Sobald der Brief verbrannt ist, ist es jetzt Zeit, ihn komplett loszulassen. Das tust Du, indem du ihn dem Wasser übergibst. Manche spülen die Asche im

Waschbecken herunter, andere schütten sie in einen See, Fluss oder Bach. Wo, ist egal. Stell dir nur vor, wie das Wasser alle deine Gedanken und Verletzungen etc. wegspült.

Dann spür in dich hinein, wie es dir jetzt geht. Vielleicht fühlst du dich erleichtert, vielleicht hast du Zweifel oder spürst nichts. Das ist alles normal. Lass es einfach wirken und widme dich wieder anderen Aufgaben. Beide Übungen sind dazu gedacht, auf einer unbewussten Ebene zu arbeiten, und manchmal dauert es eine Weile, bis du einen Effekt spürst.

Der Preis für Mut

Ich habe in meinem Leben die Erfahrung gemacht, dass alles seinen Preis hat. Wenn ich das eine tue, dann fällt etwas anderes hinten runter. Wenn ich mich verändere, dann werde ich irgendwo auch einen Preis dafür zahlen. Das ist nicht immer schlimm. Besonders wenn ich mir das vorher schon bewusst mache und wenn der Gewinn den Preis übersteigt.

Wenn du für dich entscheidest, dass du von nun an mutiger sein wirst, muss das nicht jedem gefallen. Für manchen entsprichst du dann vielleicht nicht mehr dem Bild, das er oder sie von dir hatten.

Männer sind mutig, Frauen sind angepasst

Männer und Mut, das ist ein Duo, das gesellschaftlich schon fast erwartet wird. Auf jeden Fall löst es kein Stirnrunzeln aus, wenn Männer mutig sind.

Wenn man von Alphatieren spricht, sind meistens Männer gemeint. Frauen fühlen sich oft angezogen von mutigen Männern. Sie suggerieren eine gewisse Wildheit und vermitteln auf der anderen Seite auch Sicherheit, denn dieser Kerl ist mutig genug, sich und auch uns aus brenzligen Situationen herauszuholen. So sieht man es wenigstens immer in Filmen.

Auch Männer bewundern mutige Männer. Oft wollen sie genauso sein oder sehen sich in Konkurrenz zu ihnen. Es spornt sie zu Höchstleistungen an, wenn ein mutiger Mann in der Nähe ist.

Doch wie ist es mit mutigen Frauen? Schon der Begriff Alphaweibchen statt des für Männer geläufigen Alphatiers strahlt weniger Kraft aus. Eine Verniedlichung in Kombination mit Alpha schwächt den gesamten Begriff. Klingt irgendwie süß und wie das kleine Anhängsel eines Alphatiers. Auf jeden Fall nicht besonders mutig.

Das weibliche Alphatier wirkt auch in der heutigen Zeit noch befremdlich auf viele Menschen. Männer wie auch Frauen haben ein eher ambivalentes Verhältnis zu mutigen Frauen. Vielleicht ist das mit ein Grund, dass Mutigsein für viele Frauen gar nicht so ein erstrebenswertes Ziel ist, denn sie spüren instinktiv, dass es sie etwas kosten wird. Männer finden mutige Frauen zum Teil interessant, doch eher als Kumpel, mit dem man über Probleme mit Frauen reden kann, und seltener als Beziehungspartnerin.

Viele Frauen wiederum finden mutige Frauen zu direkt bis hin zu unweiblich. Und da wir Frauen durchaus auch neidvolle Wesen sind, dienen mutige Frauen oft als Tratschvorlage. Gleichzeitig haben viele Frauen einen Heidenrespekt vor ihnen, wollen sie aber nicht unbedingt als Freundin haben. Daher finden viele mutige Frauen sich eher unter ihresgleichen wieder und eine Ansammlung von mutigen Frauen kann bei beiden Geschlechtern beunruhigende Gefühle auslösen.

Dürfen Frauen überhaupt mutig sein?

Wenn du an mutige Frauen denkst, was fällt dir da als Erstes ein? Mir fallen da oft „beschwerliche Wege" ein. Statt wie Männer für ihren Mut bewundert zu werden und Respekt zu gezollt zu bekommen, werden Frauen sehr oft mit Widerstand, Häme und Herabsetzung konfrontiert. Und wenn alle Stricke reißen, wird ihre Weiblichkeit infrage gestellt. Denn Frauen, die aus der Masse herausstechen, wirken auch heute noch auf große Teile der Gesellschaft befremdlich. Oft dauert es Jahre, bis sie Anerkennung für ihren Mut und ihre Leistung erhalten. Und immer wieder werden sie nach ihrer Weiblichkeit bewertet. Von Männern und noch mehr sogar von Frauen.

Macht Mut unattraktiv?

Ein schönes Beispiel dafür ist Bundeskanzlerin Angela Merkel. Ich erinnere mich noch sehr gut an ihren ersten Wahlkampf. Wie sehr ihr Aussehen bei unterschiedlichen Medien im Vordergrund stand. Wie jede kleine Veränderung der Haare oder des Kleidungsstils medienwirksam ausgeschlachtet wurde. Ein paar Jahre später widmete der STERN dem Kleidungsstil der Kanzlerin gleich mehrere Seiten, um die verschiedenfarbigen Blazer der Kanzlerin darzustellen. Fast schon genüsslich zelebrierte man den beinahe identischen Schnitt aller ihrer Blazer. Wollte man damit vielleicht andeuten, sie sei einfallslos oder unaufgeregt pragmatisch? Wieso redet eigentlich niemand über Alexander Gauland? Er trägt offensichtlich immer dasselbe Jackett und dieselbe Krawatte!

Immer wieder gab es, besonders in den Onlinemedien, hämische Kommentare bezüglich ihrer Weiblichkeit. Auf der einen Seite angeblich die mächtigste Frau der Welt, auf der anderen Seite dann doch nur eine uninteressante Mutti?

Ich kann mich nicht erinnern, dass zum Beispiel bei ihrem Konkurrenten hinsichtlich des Kanzleramts, Martin Schutz, jemals Bezug genommen wurde auf die sehr dünnen Haare oder den Umstand, dass es aussah, als hätte er nur einen einzigen blauen Anzug.

Frauen sind besser, als sie denken

Ich kenne viele tolle Frauen, die intelligent, empathisch, erfolgreich und teilweise wunderschön sind. Doch ich kenne nur wenige Frauen, die sich selbst so sehen. Sie fühlen sich unsicher, inkompetent, hässlich und manchmal auch einfach nicht liebenswert. Die Betonung liegt hier auf dem Wort „Wert".

Was glaubst du eigentlich über dich selbst?

Viele Frauen sehen einfach ihren eigenen Wert nicht. Sie sind unbarmherzig, wenn es darum geht, sich selbst negativ zu bewerten! Sie sehnen sich danach, die Eigenschaften zu besitzen, die andere in ihnen sehen. Dabei haben sie sie doch längst! Sie kümmern sich um andere, leisten im Beruf oft Erstaunliches, sind fast immer bestrebt, mehr zu lernen und sich selbst zu verbessern.

Doch egal, wie viel sie lernen, oft erleben sie sich einfach nur als unzulänglich und schwach. Selbst dann, wenn sie nach außen hin stark wirken. Sie fühlen sich ungerecht behandelt, wenn andere ihre Grenzen überschreiten. Gleichzeitig haben sie diese Grenzen aber nie kommuniziert. Sie sind enttäuscht, wenn Wünsche nicht erfüllt werden, die sie aber nie geäußert haben.

Viele werden lieber krank vor Erschöpfung und / oder Ärger, bevor sie Nein sagen lernen und auch einmal eine Grenze setzen. Was ist los mit vielen Frauen, dass sie so wenig Wertschätzung für sich selbst haben, dass sie es oft nicht schaffen, mutig Nein zu sagen? Dass die Bedürfnisse anderer meistens mehr zählen als ihre eigenen? Ist es das, was gemeint ist, wenn man vom weichen Geschlecht spricht? Weich in Form von nachgiebig, ohne Widerstand?

Wer mutig sein will, muss auch mal Nein sagen, auch einmal Grenzen überschreiten. Die eigenen und die anderer. Doch erst einmal muss man diese Grenzen auch erkennen. Leider haben viele Frauen verlernt, ihre eigenen Grenzen wahrzunehmen. Da fängt die Arbeit an.

Wie wir uns selbst mutlos halten

Stattdessen erzählt uns eine innere Stimme, dass wir vieles doch lieber sein lassen sollten. Dass wir etwas nicht dürfen, weil wir wahrscheinlich sowieso scheitern werden oder einfach noch nicht gut genug sind, um eine Aufgabe professionell oder auch nur gut zu lösen. Wir müssen unbedingt noch etwas dazulernen, uns gewisse Fähigkeiten aneignen, uns optimieren. Erst dann erwerben wir das Recht, genauso mutig zu sein wie Männer. Zum Beispiel nach einer Gehaltserhöhung zu fragen und dafür zu verhandeln; einen Vortrag zu halten; auch mal Grenzen zu setzen usw.

Diese kleine innere Stimme ist bei vielen Frauen vorhanden und sie hält diese Frauen klein. Bloß kein Risiko eingehen. Das ist ein Teufelskreis. Auf der einen Seite wollen Frauen besser werden, auf der anderen Seite wollen sie aber nicht herausstechen aus der Masse.

Der ewige Selbstoptimierungswahn

Frauen sind Meisterinnen im Kritisieren. Besonders sich selbst. Ihre innere Kritikerin ist stark ausgeprägt und meldet sich lautstark. Das wiederum führt zu einem oftmals schon zwanghaften Optimierungswahn. Nur wer perfekt ist, ist gut. Während wir anderen gegenüber vielleicht noch ein gewisses Maß an Toleranz zeigen (schließlich ist niemand perfekt), sind wir bei uns selbst unbarmherzig.

„Ich müsste, ich sollte…", sind Satzanfänge, die kennt jede Frau. „Ich müsste besser sein; ich sollte schlanker sein; ich müsste mehr für andere tun; ich müsste hübscher sein", und so weiter. Wir sind viel zu viel damit beschäftigt, diejenige zu werden, die wir sein sollten, anstatt die zu sein, die wir sind.

Grundsätzlich ist es ja ehrenwert, besser werden zu wollen. Schließlich reden ja auch alle vom lebenslangen Lernen. Doch hier geht es weniger um das Lernen, sondern um das Optimieren. Und es geht um ein lebenslanges Gefühl der Minderwertigkeit. Denn man hat festgestellt, egal wie sehr Frauen sich auch optimieren, sie sind trotzdem fast nie zufrieden. Und genau das ist auch das Perfide an diesem Selbstoptimierungswahn. Er hört nicht auf, sondern wird eher zur Sucht und die persönliche „Latte der Perfektion" wird einfach immer höher gelegt. Ein gutes Beispiel dafür sind die Schönheits-OP-Junkies.

Also laufen wir weiter irgendwelchen Trends hinterher, die uns von der Gesellschaft und / oder der Modeindustrie vorgelebt werden. Doch das ergibt eigentlich gar keinen Sinn, schaut man sich mal das Frauenbild der vergangenen Jahrtausende an. Wobei man gar nicht so weit zurückgehen muss. Die letzten hundert Jahre reichen auch. Alle 10 bis 20 Jahre war ein anderes weibliches Erscheinungsbild angesagt: von Marilyn Monroe über Twiggy bis zu Amy Winehouse.

Wie soll man da noch wissen, was jetzt eigentlich normal ist? Mal sollen wir üppig sein, dann wieder spindeldürr. Mal angepasst und anschmiegsam, dann wieder mütterlich und stark oder autonom und gleichberechtigt. Na ja, vielleicht nicht zu gleichberechtigt…

Frauen fehlt der innere Kompass

Kein Wunder, dass wir verwirrt sind und oftmals selbst nicht wissen, wer wir sind und ob wir gut genug sind. Vielen Frauen fehlt ein innerer Kompass, der ihnen zeigt, „Du bist o.k." Ständig schauen sie nach außen, nach anderen, um herauszufinden, ob sie o.k. sind. Das macht abhängig und gibt einem selten den Mut, „Ich selbst zu sein", geschweige denn herauszufinden, wer man eigentlich wirklich ist.

Diejenigen, die mutig ihren eigenen Weg gehen, ernten oft Unverständnis oder Ablehnung. Und für uns als harmoniegeprägte Wesen ist das besonders schmerzlich. Also brechen viele lieber nicht aus dem derzeitigen gesellschaftlichen Korsett aus. Schön zu sehen an den Abertausenden von Facebook-Profilen junger Frauen, die eigentlich alle einer ähnlichen Schablone entspringen. Da ist nichts von Mut zur Einzigartigkeit zu spüren, sondern nur gähnend langweilige Uniformität. Vor lauter Angepasstheit verlieren diese jungen Frauen den Mut, anders und vielleicht sogar einzigartig zu sein. Stolz darauf zu sein, wer sie sind und was sie erreicht haben, anstatt ausschließlich darauf, wie sie aussehen.

Auch hier sind meiner Meinung nach die Mütter stark gefordert. Wenn du Mutter sein solltest, frag dich doch einmal, welche Botschaften du deiner Tochter vermittelst. Wird sie am meisten gelobt, wenn sie lieb und angepasst ist? Bist du stolz, wenn sie süß wie eine Prinzessin aussieht und andere dir sagen, wie hübsch sie ist? Lässt du ihr Freiraum, ihre eigene Persönlichkeit zu entwickeln, und förderst du sie dabei? Und welches Frauenbild lebst du ihr denn vor? Perfektion vor Individualität? Machst du ihr Mut, sich auszuprobieren, oder sagst du ihr ängstlich: *„Das ist nichts für Mädchen."*? Und geht es dabei eigentlich wirklich um deine Tochter oder nicht eher um dich als Mutter? Was andere wohl von dir denken, wenn deine Tochter anders ist?

Übung: Der inneren Kritikerin achtsam begegnen

Um unsere innere Kritikerin etwas leiser werden zu lassen, müssen wir ihr erst einmal achtsam begegnen. Eine Möglichkeit dies zu tun, ist die Spiegelübung:

Stell dich vor einen Spiegel und schau dich einfach nur selbst an. Deine Kritikerin wird sich wahrscheinlich schnellstens melden, mit eventuell sogar sehr unschmeichelhaften Kommentaren. Versuch sie nicht zu unterdrücken, nimm sie einfach nur wahr. Konzentrier dich darauf, wo sie am kritischsten ist. Bei deinen Hüften, deinen Haaren, deinem Aussehen generell?

Atme tief ein und aus und versuch einfach, entspannt die kommenden und gehenden Kommentare zu beobachten, ohne auch sie wieder kritisch zu bewerten. Du wirst merken, wenn du dich einfach weiter selbst anschaust, werden die Kommentare weniger werden. Letztendlich sind es nur Kommentare und sobald sie keine Resonanz erfahren, werden sie schwächer. Versuchst du sie krampfhaft zu unterdrücken, werden sie stärker. Mach diese Übung am besten täglich und versuch nach einer Weile, wenn es im Kopf ruhiger zu werden anfängt, positive Aspekte an deinen vermeintlichen Makeln zu finden: *„Ja, meine Hüften sind breiter, aber sie geben mir Stabilität. Ja, ich habe Übergewicht, aber ich kann das in Zukunft ändern, wenn ich es möchte",* und so weiter.

Anmerkung:

Am Anfang kann diese Übung des Selbst-Anschauens sehr emotional werden und der Drang, dem eigenen Bild auszuweichen, sehr stark sein. Konzentrier dich dann einfach auf deine Atmung und versuch dich selbst liebevoll daran zu erinnern, dass das vorbeigeht. Und das wird es. Sollte diese Übung für dich zu emotional sein, dann fang erst einmal nur mit 1 Minute an und steigere dich mit der Zeit auf 5 Minuten. Ziel ist es, dass du mit der Zeit lernst, dich selbst anzunehmen und dir liebevoll zu begegnen. Auch Deine nicht perfekten Aspekte anzunehmen und Frieden damit zu schließen. Dir mutig selbst zu begegnen.

Du bist o.k., so wie du bist

Wann hast du eigentlich das letzte Mal gehört, dass du o.k. bist, genauso wie du bist? Wahrscheinlich ist das schon etwas länger her, wenn überhaupt? Wann hast du dir das letzte Mal selbst gesagt, dass du o.k. bist, so wie du bist. Wahrscheinlich noch nie.

Permanent sind wir Frauen umgeben von der wohlgemeinten oder auch nicht so wohlgemeinten Kritik anderer. Sei es im Elternhaus, in der Partnerschaft oder auf der Arbeit. Von klein auf hat man vielen von uns gesagt, wie wir zu sein haben; und dann kommen noch die ewig wechselnden Vorgaben durch die Medien hinzu. Sei schlanker, sei hübscher, sei verständnisvoller, sei sexy, sei nett, zuvorkommend und dräng dich bloß nicht in den Vordergrund. Kein Wunder also, dass viele von uns denken, wir seien nicht in Ordnung. Und letztendlich sind wir Frauen oftmals die härtesten Kritiker anderer Frauen.

Ich denke nur an die geliebten Tratschsessions mit der Freundin im Café. Für viele gibt es nichts Schöneres, als im Sommer in der Fußgängerzone zu sitzen und genüsslich über das Aussehen anderer Frauen herzuziehen.

Warum ist Heidi Klum mit ihrer Sendung „Germany's Next Topmodel" schon seit 10 Jahren so erfolgreich? Nicht weil sie besonders nett wäre.

Ich kenne diverse junge Mädchen und Frauen, die sich einmal die Woche treffen, um gemeinsam diese Sendung zu schauen. Mit Prosecco und Chips bewaffnet genüsslich über die Heulsusen und deren Imperfektionen herziehen. Das ist schon Kult. Sich köstlich darüber zu amüsieren, wie jemand sich nur so lächerlich machen kann. Gleichzeitig haben aber viele den Traum, selbst ein Topmodel zu werden. Würden aber wahrscheinlich an all der medialen Aufmerksamkeit und der Häme, insbesondere in den sozialen Netzwerken, zerbrechen. Und mittlerweile gibt es ja auch genügend Belege, dass das eine oder andere junge Mädchen aus Heidis Sendung genau das erfahren hat.

Wie hatte neulich eine junge Frau zu mir gesagt, „Herrlich diese Fremdscham". Genauso ist es. Es ist leichter, in eine exhibitionistische Fremdscham zu verfallen, als sich seiner selbst zu schämen. Dann fühlt man sich für eine kurze Zeit wahrscheinlich sogar besser. Doch letztendlich wissen sie ja, dass andere auch über sie reden. Und dann tut es komischerweise weh. Also denken viele junge und später dann auch ältere Frauen darüber nach, wie sie diese Kritik vermeiden können.

Für viele heißt die Strategie: „Sei so, wie die anderen es gern hätten." Problem dabei ist nur, dass jeder seine eigene Vorstellung davon hat, wie der andere sein sollte. Eigentlich können wir dabei nicht gewinnen. Wie wäre es also, endlich mal sein eigener Gradmesser zu sein. Endlich mal Frieden damit zu schließen, wie man ist, und nicht irgendwelchen Idealen anderer nachzulaufen? Doch dafür braucht man Mut.

Was würdest du tun, wenn du mutiger wärst?

Hast du dir schon einmal überlegt, was du alles tun würdest, wenn du mutiger wärst? Weniger ängstlich? Weniger von der Meinung und dem Urteil anderer abhängig? Oder hast du solche Gedanken schon längst aufgegeben, denn du bist überzeugt davon, dass solche Überlegungen nur andere anstellen? Dann hast du wahrscheinlich ein limitierendes Bild von dir selbst. Du glaubst einfach nicht daran, dass auch du dich so verändern könntest. Das auch du etwas Besonderes machen oder schaffen könntest.

Limitierende Glaubenssätze

Das sind Sätze, die wir uns immer wieder innerlich sagen oder die wir immer wieder von anderen gesagt bekamen, sie haben also nichts mit Religion zu tun. Mit der Zeit glauben wir, dass diese Sätze wahr sind, daher der Begriff „Glaubenssatz" – Sätze, an die wir glauben.

Es gibt positive und negative Glaubenssätze. Positive geben uns Kraft und ermöglichen uns, auch einmal aus unserer Komfortzone herauszukommen. Negative

Glaubenssätze limitieren uns. Das beginnt bei unseren Fähigkeiten und reicht bis hin zu unserem ganzen Sein: „Ich bin nichts wert." Das können Glaubenssätze sein, die wir von anderen, die für uns wichtig waren (z. B. Eltern, Lehrer, Freunde) übernommen oder die wir für uns unbewusst selbst formuliert haben. Durch positive oder negative Erfahrungen, die wir gemacht haben.

Es sind letztendlich einschränkende Glaubenssätze, die uns davon abhalten, Dinge zu tun. Die uns oft auch den Mut nehmen, etwas Neues auszuprobieren. Im Extremfall halten diese Glaubenssätze uns klein. Doch nur durch neue Erfahrungen können wir wachsen, können wir mutiger werden. Also lohnt es sich ganz besonders, an diesen einschränkenden Glaubenssätzen zu arbeiten.

Es gibt viele unterschiedliche Methoden, um limitierende Glaubenssätze zu verändern. Jedoch würde das den Rahmen dieses Buches sprengen und manche Interventionen sind eher therapeutisch und bedürfen einer qualifizierten Begleitung.

Ich möchte dir heute eine Möglichkeit aufzeigen, Glaubenssätze durch Fragen aufzuweichen und eventuell sogar zu verändern, damit du dann mutig das angehen kannst, was du angehen möchtest. Jedoch muss dir klar sein, dass manche Glaubenssätze so tief sitzen können, dass diese Fragen nicht wirklich helfen werden. Dann wäre es sicherlich sinnvoll, Dir professionelle Hilfe zu suchen, um diese limitierenden Glaubenssätze zu bearbeiten.

Übung: Limitierende Glaubenssätze erkennen und verändern

Hol dir wieder etwas Papier und einen Stift. Such dir einen Platz, an dem du die nächsten 45 Minuten in Ruhe arbeiten kannst.

Frag dich, welche Sätze dich innerlich einschränken. Welche negativen Sachen sagst du dir über dich selbst? Halte sie auf dem Papier fest. Spür nach, welcher dieser Sätze dich emotional am meisten bewegt. Am besten sprichst du jeden Satz laut aus und spürst nach, was in deinem Körper passiert. Wie fühlt sich das an?

Wenn du dann den Satz identifiziert hast, an dem du arbeiten möchtest, beantworte bitte nacheinander folgende Fragen, auch wieder auf dem Papier. Natürlich kannst du deine Antworten später gern in einen Computer oder ein Tablett transferieren. Das erhöht den Lerneffekt. Ich persönlich sehe in der Erstbearbeitung auf Papier immer noch die effektivste Variante, weil wir beim Schreiben mit der Hand meistens persönlich mehr involviert sind, als wenn wir in einen Computer tippen. Aber du entscheidest natürlich, was am besten zu dir passt.

Hier also die Fragen:

1. Wo und wie genau schränkt dich dieser Glaubenssatz ein?
2. Willst du weiterhin an diesen Glaubenssatz glauben?
3. Bist du sicher, dass dein Glaubenssatz wahr ist?
4. Warum bist du dir so sicher, dass der Glaubenssatz wahr ist?
5. Gilt der Glaubenssatz in allen oder nur in speziellen Situationen?
6. Was wäre, wenn genau das Gegenteil wahr wäre?
7. Welche Beweise für das Gegenteil kennst Du schon?
8. Gibt es Menschen, die in der gleichen Situation andere Glaubenssätze haben? Haben sie damit mehr Erfolg?

Nachdem du diese Fragen durchgearbeitet hast, sollte im Idealfall der limitierende Glaubenssatz schon stark mit Zweifeln behaftet sein.

Hier noch vier weitere Fragen:

1. Welcher Glaubenssatz wäre positiver für dich?
2. Wie kannst du sicherstellen, dass du an diesen neuen Glaubenssatz glauben kannst?
3. Was musst du als Nächstes tun?
4. Wann wirst du es tun? (vorzugsweise nicht später als 24 Stunden von diesem Moment an, denn sonst verliert dein Vorsatz an Kraft)

Mut zur Unvollkommenheit statt Perfektionismus

Was ist das nur mit uns Frauen? Selten zeigen wir uns so, wie wir wirklich sind. Die meisten von uns denken ständig, sie müssten anders sein. Dass wir nicht den Erwartungen anderer entsprechen und dass nur Perfektion uns aus dieser Misere holen kann. Wenn schon nicht perfektes Aussehen, dann wenigstens perfektes Verhalten. Wir wollen uns nichts nachsagen lassen und sind meistens gekränkt oder verletzt, wenn uns jemand auf einen Fehler oder eine Unzulänglichkeit aufmerksam macht.

Und da ist es egal, ob der andere recht hat oder nicht. Die meisten Frauen können nur sehr schlecht mit vermeintlicher, realer oder ungerechtfertigter Kritik umgehen. Kritik bedeutet Makel und den wollen wir ausmerzen!

Keine(r) ist perfekt?

Hand aufs Herz! Lebt in dir auch eine kleine Perfektionistin? Die meisten Frauen, die ich kennenlerne, wollen auf die eine oder andere Weise perfekt sein. Manche sogar auf jede Weise. Die wenigsten würden es offen zugeben. Meisten kriege ich dann zu hören: *„Niemand ist perfekt!"* Und doch streben die meisten Frauen Perfektion an. Und genau diese Perfektion wird dann auch zu einer immer schmerzenden Achillessehne in puncto Zufriedenheit und Mut. Wie kann man mutig zu seinen Fehlern und auch Unvollkommenheiten stehen, wenn man ständig perfekt sein möchte?

Perfekte Figur, perfektes Aussehen, perfekter Job, perfekter Mann, perfekte Kinder, perfektes Leben. Das ist anstrengend. Doch wo liegt die Ursache für diesen Perfektionswahn? Der Psychiater und Psychotherapeut Raphael Bonelli ist der Ansicht, dass die Ursache liegt darin, dass wir Angst haben, nicht zu gefallen und ausgeschlossen zu werden. Da ist sicherlich was dran.

Ich glaube, Männer haben weniger das Thema, gefallen zu wollen. Männer möchten Bewunderung. Sie wollen, dass man zu ihnen aufschaut. Frauen wollen oft Teil einer Gruppe sein. Und sie sind eher harmoniebedürftig. Dafür sind sie auch bereit, einen hohen Preis zu zahlen. Nämlich den der verlorenen Individualität. Sie geben sozusagen die Kontrolle ab, an ihre innere Kritikerin und an andere, deren Kritik sie fürchten.

Da ich auch als Mediatorin arbeite, werde ich oft bei Teamkonflikten hinzugezogen. Und da ich primär in Kliniken tätig bin, bestehen diese Teams sehr oft aus

Frauen. Zum Beispiel in der Krankenpflege. Hier erlebe ich immer wieder hautnah, wie wenig konfliktfähig viele Frauen sind. Wie groß die Angst vor ausgesprochener Kritik. Egalob man sie an jemandem übt oder ob man selbst davon betroffen ist. Spannenderweise sind gerade die Frauen besonders empfindlich, die von sich selbst behaupten, sie seien der direkte Typ und mit ihnen könne man über alles reden. Die nach außen hin mutig auftreten und auch mal anderen etwas mutig ins Gesicht sagen. Die entpuppen sich dann oft als äußerst empfindliche Menschen, wenn es um sie selbst geht. Nicht alle mutig wirkenden Frauen sind so, doch viele. So erscheint der Mut dann doch nur als Fassade. Wir Frauen sind wirklich komplexe Wesen. Kein Wunder, dass viele Männer Probleme haben, uns zu verstehen.

Gut ist nie gut genug!

Die meiste Ratgeberliteratur wird für Frauen geschrieben. So wie auch dieses Buch. Der Prozentsatz der Frauen in Weiterbildungsveranstaltungen ist fast immer höher als der der Männer. Diätliteratur zielt fast ausschließlich auf Frauen ab. Kosmetik wird primär für Frauen entwickelt.

Frauen sind Selbstoptimierungsspezialistinnen und leider glauben sie oft auch, dass an ihnen auf jeden Fall etwas optimierungsbedürftig ist. Egal ob psychisch oder physisch. Denn Frauen sind große Zweifler. Sie zweifeln an ihren Kompetenzen, beruflich wie privat. Sie zweifeln an ihrem Aussehen und vielem mehr. Oder wie Julia Onken in ihrem Buch „Herrin im eigenen Haus" schreibt: *„Frauen pendeln zwischen Größenfantasien, alles schaffen zu müssen, alles im Griff zu haben, und andererseits einem abgrundtiefen Unwerterleben, zu nichts zu taugen."*

Ich sehe das ähnlich wie Julia. Perfektion ist meiner Meinung nach eine Selbstschutzmaßnahme, die viele Frauen benötigen, da ihr Selbstbewusstsein leider oft nicht sehr ausgeprägt oder stabil ist. Sie sind voller Selbstkritik und ihre innere Kritikerin sagt permanent: *„Sei perfekt."* Gut ist eben nicht gut genug!

Perfektionismus ist eine große Bürde, denn er kann auf Dauer zu ernsthaften psychischen und körperlichen Störungen führen. Zum Beispiel zu chronischen Selbstzweifeln, Depressionen, Suchtverhalten, Schlaflosigkeit, Übergewicht und so weiter. Auch Beziehungen (beruflich und privat) können daran scheitern, wenn Frauen ihren Grad an Perfektionismus allen anderen aufzwingen. Besonders ihren Männern.

Ich weiß, wovon ich rede, denn diese Frauen kommen oft in meine Seminare, zu meinen Mediationen oder in meine Coachingsitzungen. Ich bin immer wieder erstaunt und manchmal auch entsetzt, wie stark der Drang nach Perfektionismus und wie fragil das Selbstbewusstsein dieser Frauen ist. Sie sind so von der Reaktion anderer abhängig, dass sie ein Gefühl für den eigenen inneren Kompass verloren haben.

Sicherlich liegt das auch daran, dass Frauen früh lernen, für andere da zu sein und immer zu funktionieren. „Immer verfügbar" wird quasi zum Lebensmotto und führt dazu, dass die eigene Wichtigkeit über den Grad der Einsatzbereitschaft für andere definiert wird. Der klassische Weg zu einem ausgeprägten Helfersyndrom. Dieses zwanghafte Helfenwollen dient in den meisten Fällen nur dazu, dem eigenen Gefühl der Wertlosigkeit zu entfliehen. Und wenn die, denen geholfen wurde, nicht genügend Dankbarkeit zeigen, führt das sehr schnell zu einer passiven Aggressivität, die sich darin äußert, dass Frauen nur noch an anderen herummäkeln und versuchen, sie zu erziehen. Da ist es dann egal, ob es das eigene Kind, der eigene Mann, Kollegen oder Kolleginnen sind. Auch wenn der eine oder andere Mann dieses Nörgeln als mutiges, forderndes Verhalten interpretiert, so ist es doch meistens nur ein Zeichen von latenter Unsicherheit. Den anderen nicht so sein lassen zu können, wie er ist, weil man damit nicht umgehen kann.

Nörgeln hat wenig mit Mut zu tun

Wie sagte neulich ein Bekannter zu mir: *„Wieso sind Frauen nicht mutig in Beziehungen? Die sagen einem doch ständig, was man anders machen muss!"* Erkennst du dich da vielleicht auch wieder? Ich erlebe das seit vielen Jahren in meiner Beratungs- und Mediationstätigkeit im Gesundheitswesen. Ich habe nirgendwo anders so viel passive und offene Aggression erlebt wie in Kliniken. Gegenüber Kollegen, Patienten und Angehörigen. Ich sage es nicht gern, aber besonders viele Pflegekräfte sind nicht immer die armen Opfer, als die die Medien sie gern darstellen. Gerade in Pflegeteams ist ein hohes Maß an Mobbingenergie vorhanden. Und oft wird sie auch ausgelebt. Wobei nicht immer die zunehmende Arbeitsverdichtung und Personalknappheit zu hohen Krankenständen führt, oft sind es auch Beziehungsabgründe zwischen den vielen weiblichen Mitarbeitern in Pflegeteams. Gepaart mit einer ausgeprägten Konfliktscheu führt das zu einer brodelnden Gerüchteküche, zu Hinterzimmerstrategien und Teamspaltungen, die den Arbeitsalltag für manche Pflegekräfte zu einem Albtraum werden lassen.

Schämen sollst du dich!

Scham ist ein weiterer Grund, warum Perfektionismus für viele Frauen so wichtig ist. Perfektionismus als Schutzschild gegen Scham. Sie wird ja oft gleichgesetzt mit Peinlichkeit. Ich persönlich präferiere die Definition auf Wikipedia: „Scham ist ein Gefühl der Verlegenheit oder der Bloßstellung, das durch Verletzung der Intimsphäre auftreten kann oder auf dem Bewusstsein beruhen kann, durch unehrenhafte, unanständige oder erfolglose Handlungen sozialen Erwartungen oder Normen nicht entsprochen zu haben."

Viele Frauen haben schon in jungen Jahren gelernt, wie bitter das Gefühl der Scham sein kann und wie unangenehm brennend die Schamesröte sich anfühlt. Sehr bezeichnend finde ich dazu ein Video auf der Webseite: https://tinyurl.com/y3u3pnlg mit dem Titel: „48 Things Women Hear In A Lifetime (That Men Just Don't)"

Scham ist oft ein Instrument, mit dem schon Mädchen wieder „in die Spur" gebracht werden. Und eine Geißel, mit der sich erwachsene Frauen selbst knechten. Ein schamauslösender Misserfolg, und schon geht der wenige Mut, der eventuell vorhanden war, wieder verloren. Deswegen streben Frauen oft auch keine hohen Karriereziele an, unabhängig von möglicher

Doppelbelastung durch die Familie. Wer beruflich nicht hoch hinaus will, wird auch nicht tief fallen.

Frauen stapeln dementsprechend häufig tief und werden damit beruflich auch öfter übersehen und übergangen. Sie schämen sich sogar oft, wenn jemand sie lobt, denn damit wird eine Aufmerksamkeit generiert, die vielen Frauen unangenehm ist. Interessant ist in diesem Zusammenhang auch, dass Frauen selten positiv reagieren, wenn sie anderen Frauen begegnen, die selbstbewusst ihr Können zur Schau stellen. Das macht man nicht! Wenigstens nicht als Frau.

Wer sich schuldig fühlt, ist selten mutig

Ein weiterer Aspekt im Perfektionsreigen sind die Schuldgefühle. Ich erlebe immer wieder Frauen, die sich schuldig fühlen. Sie sind der Meinung, sie würden sich nicht genügend engagieren oder seien anderen etwas schuldig. Egal ob der eigenen Familie, Freunden oder auf der Arbeit.

Sich schuldig fühlen ist für manche Frauen wie eine zweite Haut geworden. Sie ist eng, nimmt ihnen den Atem und führt zu Verhaltensweisen und / oder Entscheidungen, die keinesfalls den wahren Bedürfnissen der betroffenen Frauen entsprechen. Und dann kommt jemand wie ich und sagt, setz dich doch mal mutig für deine eigenen Bedürfnisse ein. Setz mal Grenzen. Sage mutig, was du denkst. Klingt eigentlich ganz einleuchtend, wenn da nicht sofort das schlechte Gewissen wäre.

Doch was ist eigentlich ein schlechtes Gewissen? Die Psychologin Gabi Ingrassia ist der Meinung, dass man ein schlechtes Gewissen hat, wenn man Entscheidungen trifft, die nicht die eigenen sind, sondern von anderen Personen übernommen. Man handelt im Interesse anderer, nicht im eigenen Interesse. Man versucht etwas gutzumachen, oft auch ohne Grund. Einfach nur, weil man glaubt, etwas falsch gemacht zu haben. Immer im Dienst der anderen.

Vielleicht kennst du ja auch die folgenden Situationen?

- Du hörst einer Freundin zum hundertsten Mal zu, obwohl sie immer wieder über dasselbe Leid klagt, ohne je etwas daran zu ändern. Seit einiger Zeit fühlst du dich wie ein seelischer Mülleimer.
- Du gibst bei deinen Kindern nach, damit du dich nicht wie eine schlechte Mutter fühlst. Und das obwohl deine Kinder eigentlich Grenzen gut gebrauchen könnten.
- Du springst wieder mal für eine Kollegin ein, obwohl die es nie für dich tun würde.

- Du gaukelst deinem Mann Interesse vor, obwohl sein Hobby dich überhaupt nicht interessiert.
- Du schläfst mit ihm, auch wenn du gar keine Lust dazu hast.
- Du verbringst Zeit mit Menschen, die kaum ein gutes Haar an dir lassen.

Du machst alles für andere, aber nur wenig für dich selbst. Hier liegt die Triebfeder, das Vermeiden von Schuldgefühlen. Wenn du dann doch einmal Zeit für dich hast, hast du sofort ein schlechtes Gewissen. Und weißt eventuell noch nicht einmal, was du mit der freien Zeit anfangen sollst.

Der Preis dafür, immer im Dienst anderer zu sein, ist hoch. Viele Frauen verlieren ein Gefühl für die eigenen Bedürfnisse. Sie fühlen sich weniger wert als andere, was zwangsläufig das eigene Selbstwertgefühl immer weiter erodiert. Und je weiter sich diese Spirale dreht, desto mehr glauben sie, durch den Dienst an anderen mehr Liebe zu erfahren. Ein teuflischer Kreislauf. Denn was hier an erster Stelle fehlt, ist gesunde Selbstliebe. Leider glauben viele Frauen, dass Selbstliebe gleichzusetzen ist mit Egoismus. Und Egoismus ist schlecht. Kein Wunder, dass solche Frauen unzufrieden sind. Leider jedoch meistens mit sich selbst.

Wenn der Wunsch nach Perfektion zur Sucht wird …

Perfektion ist also fast immer ein Zeichen von Ängsten und der krampfhafte Versuch, einem Ideal zu entsprechen, das man von der Gesellschaft, eventuell den Eltern und den Medien und schließlich von sich selbst vorgegaukelt bekommt. Sei perfekt und alles wird gut. Du wirst geliebt, geachtet, bewundert und so weiter. Sei perfekt und du brauchst keine Ängste mehr zu haben. Das führt bei machen Frauen zu einer Perfektionssucht. Es gibt kaum Bereiche, in denen betroffene Frauen nicht versuchen, perfekt zu sein.

Aussehen und Auftreten: Jung, schön, makellos, schlank ist die Devise. Was Frauen alles bereit sind, an sich selbst chirurgisch verändern zu lassen, ist teilweise beängstigend. Wer kennt nicht die grauenhaften Fotos von missglückten Schönheits-OPs und trotzdem nehmen die Zahlen der durchgeführten Eingriffe kontinuierlich zu.

Haushalt: Diese Frauen wollen perfekte Gastgeberinnen sein und wehe es kommt unangekündigter Besuch. Die Wohnung muss sauber, aufgeräumt und dekoriert sein. Das erinnert mich an eine Zeit in meiner Kindheit, als wir in Südafrika lebten und dort ein schönes Haus mit Swimmingpool besaßen. Am Wochenende oft ein beliebter Treffpunkt für viele

Gäste, die dort ausgiebig feierten. Meine Mutter und ich haben das Haus vor dem Besuch immer tipptopp geputzt, um es dann nach dem Besuch wieder machen zu müssen. Ich weiß noch, wie ich immer gedacht habe, eigentlich ergibt das ja keinen Sinn. Schließlich muss man doch nach dem Besuch eh wieder putzen. Doch meiner Mutter war es wichtig, dass alles super aussah, wenn die Gäste kamen. Heute ertappe ich mich auch manchmal dabei …

Sex: Perfektionistinnen sind der Meinung, sie seien nicht sexy genug, hätten nicht genügend Orgasmen und seien generell nicht begehrenswert. Viele sind völlig unentspannt beim Sex, da sie sich ihrer Nacktheit und damit sichtbaren Mängeln schmerzlich bewusst sind. Und es ist ja auch kein Geheimnis, dass auch heute noch viele Frauen relative bis komplette Dunkelheit beim Sex vorziehen. Während Männer ja eher visuelle Wesen sind und ihnen damit auch ein sinnliches Erlebnis genommen wird. Da ist es auch egal, wenn der Liebste sagt, dass er unsere Rundungen liebt und uns so begehrt, wie wir sind. Die meisten von uns haben Probleme, das zu glauben. Schließlich gibt es ja Spiegel, die uns täglich etwas anderes zeigen, nicht wahr?

Irgendetwas finden wir an uns immer hässlich. Sei es der zu große Hintern oder die Brüste, die im Liegen seitlich wegfallen. Daher der Wunsch nach Dunkelheit.

Je weniger zu sehen ist, umso besser. Gerade was das Thema Sex angeht, sind viele Frauen unzufrieden. Und schon gibt es wieder einen neuen Trend, der uns vorgaukelt, wenn wir dem nachgeben, werden wir uns wieder begehrenswerter fühlen. Ich denke da nur an den skurrilen Trend der Vaginalverjüngungen! Und da geht es um einen Körperteil, den wir selbst so gut wie nie zu sehen bekommen, außer wir machen die entsprechenden Verrenkungen vor einem Spiegel. Aber es könnte ja sein, dass der Mann davon abgeturnt ist oder gern eine jüngere Vagina sehen würde … Doch was ist, wenn das Gesicht weiter oben altersmäßig nicht zur Vagina passt?

Familie: Frauen fühlen sich verantwortlich für die Erziehung der Kinder, deren schulische Leistungen, deren Freunde, Hobbys und generelles Glück. Perfektionistinnen vergessen dabei sehr gern, dass es eventuell noch einen Vater gibt. Der könnte ja auch mal … Hier liegt das Problem oft darin, dass er, wenn er dann mal …, es nie gut genug macht. Es gibt halt nur einen Perfektionisten im Haus!

Beruf: Perfektionistische Frauen wollen insgeheim besser sein als Männer. Meistens sind sie auch oft der Meinung, dass sie es sind. Doch würden sie sich nie in den Vordergrund spielen, sind aber sehr enttäuscht und geradezu beleidigt, wenn keiner merkt, dass sie toll sind. Aber selbst, wenn es jemand lobend hervorheben würde, die wahre Perfektionistin würde es eh nicht glauben.

Weiterbildung: Perfektionistische Frauen haben das lebenslange Lernen zu ihrem Mantra auserkoren. Da sie aber oft ein instabiles Selbstwertgefühl besitzen, wird die Weiterbildung zu einer Krücke, mit der sie auch eine Vermeidungsstrategie fahren. Es muss immer noch ein Kurs besucht werden, bevor man sich beruflich verändert. Noch ein Zertifikat, bevor man die Beförderung verdient hat.

Perfektionistische Frauen sind selten mutig und springen einfach in etwas Neues hinein. Das ist auch etwas, was sie an Männern nicht verstehen können. Wie kann man sich erdreisten, eine neue Tätigkeit zu übernehmen, wenn man sich nicht hundertprozentig sicher sein kann, es auch zu können. Männer denken da eher: *„Erst einmal muss ich den Job haben und dann kann ich auch beweisen, dass ich es kann. Oder ich lerne dann halt schnell, wie es geht. Vielleicht delegiere ich auch das eine oder andere an eine Frau" ;-)*.

Soziale Kompetenz: Sie gilt ja als eine der Schlüsselkompetenzen. Besonders für Führungskräfte. Und seit einigen Jahren wird besonders Frauen diese Kompetenz zugeschrieben. Sicherlich sind Frauen durch ihre Sozialisierung prädestiniert dafür, ein hohes Maß an sozialer Kompetenz zu besitzen. Perfektionistinnen beanspruchen aber in dieser

Disziplin die olympische Goldmedaille. Sie wollen sich immer in andere einfühlen, sind für andere da, engagieren sich sozial und sind generell Expertinnen zu diesem Thema. Generell ist ja nichts gegen eine gesunde soziale Kompetenz einzuwenden, doch auch hier entscheidet das Maß, und Perfektionistinnen schießen oft über das Ziel hinaus!

Perfektionistinnen fordern viel von sich selbst und laut der Psychologin Dr. Doris Wolf entsprechen diese Forderungen an sich selbst immer derselben Struktur: „Ich muss … tun oder sein, sonst kann ich mich nicht akzeptieren, bin ich nicht in Ordnung und könnte abgelehnt werden."

Eine unvollkommene Welt ist doch viel interessanter

Doch was würde passieren, wenn viel mehr Frauen den Mut hätten, unvollkommen zu sein, und ein unvollkommenes Umfeld akzeptieren könnten. Nicht weil sie sich hilflos fühlen, sondern weil sie finden, dass das der bessere Weg für sie ist. Dass eine unvollkommene Welt letztendlich auch eine interessantere und empathischere Welt ist.

Machen wir doch mal eine Phantasiereise:

Stell dir vor, Unvollkommenheit wäre etwas, das wir Menschen an uns selbst, an anderen und an der Welt akzeptieren und sogar schätzen. Wie würde sich dein Leben dadurch verändern? Vielleicht schaust du dann morgens in den Spiegel und was du siehst, ist für dich absolut in Ordnung. Natürlich gibt es Menschen, die wiegen weniger als Du. Manche auch mehr. Ist dir aber egal, denn es spielt weder für dich noch für andere eine Rolle.

Du stehst vor deinem Kleiderschrank und suchst dir etwas zum Anziehen aus. Nicht das, worin du besonders schlank aussiehst. Schwarze, sackartige Teile gibt es in deinem Schrank nicht mehr. Du magst Farben und Muster, denn sie machen dich fröhlich und verbreiten gute Laune.

Beim Frühstück schaust du kurz durch die Tageszeitung. Es gibt keine Nachrichten über Glaubenskriege, da niemand der Meinung ist, dass andere Religionen falsch oder unvollkommen sind. Stattdessen gibt es viele Berichte über zahlreiche unterschiedliche und positive Initiativen in verschiedenen Ländern. Abwertende Kommentare oder superkritische Artikel sind auch nicht zu finden, stattdessen wertschätzende Beiträge über die Unterschiedlichkeiten auf der Welt. Wie wir einander ergänzen statt zu behindern. Eins ist nicht besser als das andere, sondern der Fokus liegt ganz klar auf dem

Aspekt der Bereicherung. Dadurch hat sich auch die Angst vor der Andersartigkeit extrem reduziert.

Dann schaust du noch kurz in deine abonnierte Frauenzeitschrift, in der gerade ein großer Artikel über die letzte Modenschau in Mailand steht. Du siehst Models in allen Größen und mit allen Figuren, zum Teil auch behinderte Menschen, die einfach toll in der neuesten Mode aussehen. Schön auch die vielen älteren Frauen, die offensichtlich Spaß daran haben, die neueste Mode zu tragen. Ausgehungerte Models, die einfach nicht den real existierenden Frauenkörpern entsprechen, existieren gar nicht mehr.

Spannend, wie sich auch die Kosmetikanzeigen verändert haben. Keine siebzehnjährigen Models, die Antifaltencreme propagieren. Generell fällt es dir auch schwer, dich an die Zeit zu erinnern, in der jedes Foto gephotoshopt war. Jetzt sind alle Fotos naturbelassen und keiner stört sich an den Falten oder sonstigen Unvollkommenheiten, denn so sieht die Welt ja nun mal aus. Falten sind ein Zeichen für Reife und ein gelebtes Leben. Die Gesellschaft schätzt das.

Jede Anzeige mit altersgerechten Modellen. Jedes Alter scheint hier seinen Platz und seine Wertschätzung zu erfahren. Jede Figur ist o.k.

Nun ist es aber Zeit, auf die Arbeit zu fahren. Dort angekommen begrüßt du deine Kollegen und

Kolleginnen. Schnell noch eine Tasse Kaffee. An der Kaffeemaschine triffst du die Kollegin vom übernächsten Büro. Ihr unterhaltet euch kurz über eure Kinder und die vielen spannenden Neuigkeiten aus der Schule. Wie froh ihr seid, dass eure Kinder schon lange nicht mehr allen möglichen Markennamen hinterherrennen und gerade eure Töchter nicht im Diätwahn stecken, so wie es zum Teil in eurer Jugend normal war. Wo schon fünfjährige Mädchen sich als zu dick empfanden. Gruselig und traurig war das!

Dieses immer perfekte Aussehen ist euren Töchtern nicht mehr so wichtig. Nicht dass sie deswegen ungepflegt wären, aber sie sehen auch nicht mehr so genormt aus. Es gibt so viele unterschiedliche Typen, und das ist auch gut so. Und perfekt gestylten Modebloggerinnen zu folgen wird eher als etwas Altmodisches angesehen. Etwas, das ihre Mütter getan haben. Dafür haben eure Töchter keine Zeit, denn sie engagieren sich lieber ehrenamtlich, als virtuellen Schönheitsidealen hinterherzulaufen. Davon gibt es ja eh kaum noch welche. Aber auch die wenigen, die einer angeblich besseren Zeit hinterherlaufen, werden akzeptiert. Schließlich ist niemand perfekt.

Dann ist es Zeit für die Arbeit. Zeit ist etwas, von dem du mittlerweile mehr auf der Arbeit hast als früher. Wenn du nur daran denkst, wie viel Zeit mit Klatsch und Tratsch damals draufgegangen ist. Früher hat man an den Kollegen und Kolleginnen kein gutes Haar gelassen hat. Immer wusste irgendjemand, wie andere ihre Arbeit besser machen könnten oder wie sie sich besser verhalten sollten. Das war anstrengend. Und meistens hattest du dann nach solchen Gesprächen eher schlechtere Laune und die Arbeit fiel dann doch erheblich schwerer. Außerdem war dir natürlich klar, dass es auch genügend Leute gab, die genauso über dich redeten.

Und dann dieses ewige Mobbing. Der Gruppenzwang: „Bist du nicht für uns, bist du gegen uns!" Überall wurde Harmonie als Teammantra propagiert. Dabei spürte man überall unterschwellige Konflikte. In Teams mit besonders vielen harmoniebedürftigen Frauen gab es sogar die meisten davon. Nein, diese Zeit vermisst du wahrlich nicht mehr.

Natürlich ist auch jetzt nicht alles rosarot. Es gibt auch Konflikte. Doch niemand hat Angst davor. Letztendlich geht es ja meistens nur um eine andere Sicht oder eine andere Meinung. Und du hast gelernt, den anderen nicht besiegen oder von deiner Meinung überzeugen zu wollen. Das war letztendlich doch immer nur ein Kampf. Und da Frauen ja ein Elephantengedächtnis haben, nahm das auch nach dem vermeintlichen Sieg selten ein gutes Ende.

Stattdessen hört man sich heute interessiert und wertschätzend zu und schaut, wie man zu einem

Kompromiss finden kann. Natürlich musst du da auch mal was abgeben, aber du weißt, dass du dafür an anderer Stelle auch einmal was zurückbekommst. Letztendlich gleicht es sich aus.

Schön findest du auch, dass du schon lange keine Angst mehr davor hast, deine Meinung zu äußern, auch wenn sie nicht der des anderen entspricht. Oft ergeben sich aus den unterschiedlichen Ansichten und Herangehensweisen auch wieder neue Aspekte und Wege. Das hat auch dazu geführt, dass du und andere sich schneller für Veränderungen öffnen. Schließlich muss man ja nicht unbedingt vorher schon wissen, ob etwas perfekt funktionieren wird. Das findet man doch sowieso nur durch Probieren heraus. Fehler sind dabei einfach programmiert. Macht aber nichts, denn du und deine Kollegen teilt eure Fehler in monatlichen Teammeetings mit und so lernen alle daraus. Keiner muss sich schämen. Das betrifft auch die Chefs.

Du schaust auf die Uhr und bist erstaunt. Noch eine halbe Stunde, und dann ist auch schon Feierabend. Schnell erledigst du noch ein paar dringende Telefonate, der Rest kann bis morgen warten. Alles schaffst du eh nie, doch du schaffst es, ohne schlechtes Gewissen nach Hause zu gehen. Du freust dich schon auf deine Familie und was sie so über ihren Tag berichtet. Und wie wunderbar unvollkommen der vielleicht war …

Gut, ich gebe zu, an der einen oder anderen Stelle klingt das Ganze doch etwas zu weichgezeichnet, doch ein wenig mehr davon täte uns gut. Oder nicht?

Also fang doch einfach mal bei dir selbst an. Fang mit deiner körperlichen Unvollkommenheit an. Lerne, Frieden zu schließen mit deiner inneren Kritikerin, die kein gutes Haar an deinem Körper lässt. Vielleicht hilft dir ja die nachfolgende Übung dabei.

Übung: Mehr Mut zur Unvollkommenheit entwickeln

Du brauchst Papier und Stift und solltest ca. 20 Minuten einplanen.

Zeichne auf das Papier eine Tabelle mit 3 Spalten und beschrifte sie wie folgt:

Spalte 1: Eigenschaft / Verhalten

Spalte 2: Kontext

Spalte 3: Bedeutung

In die erste Spalte schreib entweder Eigenschaften oder Verhaltensweisen, die du an dir nicht magst, weil du der Meinung bist, sie seien nicht gut genug. Vielleicht sind sie dir auch peinlich.

Jetzt überleg Dir, in welchem Kontext jede Eigenschaft oder jedes Verhalten nützlich sein könnte. Notier das in Spalte 2.

Finde dann eine neue, positive Bedeutung für die störende Eigenschaft / Verhaltensweise. Schreib diese Bedeutung in die dritte Spalte.

Lass mich die Vorgehensweise an einem fiktiven Beispiel durchspielen: Vielleicht denkst du ja, du seist einfach zu passiv (Verhalten) in Besprechungen und müsstest dich öfter einbringen. Doch oftmals ist es wichtig, erst einmal alle Informationen auf sich wirken zu lassen, bevor man seine Meinung dazu äußert oder andere kritisch unterbricht (Kontext). Sich zurückzuhalten zeigt auch Respekt vor der Redezeit eines anderen und hilft bei der persönlichen Informationssammlung (Bedeutung).

Nehmen wir ein zweites Beispiel: du bist der Meinung, deine Beine seien zu kräftig (Eigenschaft). Da du aber gern wanderst, weißt du auch, dass deine Beine dich selbst durch schwierige Passagen tragen (Kontext). Deine Beine sind stark und leistungsfähig (Bedeutung).

Anmerkung:

Perfektion kann auch einsam machen. Denn die meisten Menschen fühlen sich von Perfektion eingeschüchtert. Andere wiederum glauben sich förmlich dazu herausgefordert zu beweisen, dass der Perfektionist nicht wirklich so perfekt ist, wie er tut. Das ist zum Beispiel besonders bei perfekten Vorträgen ein Phänomen, das mir immer wieder begegnet. Perfekte Redner sind nicht beliebter und oftmals werden sie auch als arrogant und unsympathisch wahrgenommen. Vielleicht ja auch einmal ein Aspekt, über den es sich nachzudenken lohnt, wenn du wieder mal nach Perfektionismus strebst.

Mut in der Öffentlichkeit

Viele Frauen können ja ganz gut kommunizieren. Darüber wurden schon viele Bücher geschrieben. Angeblich sind wir kommunikative Wesen. Frauen scheuen sich auf jeden Fall selten, viel zu kommunizieren. Doch das sieht oft ganz anders aus, wenn sie vor Gruppen sprechen müssen. Am besten noch einen Vortrag halten müssen. Dann verlässt sie meistens jeglicher Mut. Auch im beruflichen Umfeld sind sie in Besprechungen, insbesondere wenn viele Männer anwesend sind, eher ruhig. Natürlich könnte man jetzt sagen, die Männer sind schuld, weil sie sich immer so in den Vordergrund drängen. Männer hören uns nicht zu. Doch ich finde, da machen wir es uns zu einfach. Wir tragen oft auch unseren Teil dazu bei, dass wir nicht gehört werden. Und Männer haben sich einfach nur daran gewöhnt, dass in Besprechungen von Frauen meistens weniger kommt. Natürlich sind sie auch nicht immer unbedingt böse darüber. Und sind manchmal überrascht, wenn sich dann auf einmal eine Stimme aus dem „Off" meldet.

Auch wenn es um das Äußern von kritischen Beiträgen in Meetings geht, sind Frauen eher zurückhaltend. Gleichzeitig ist es nicht unbedingt so, dass sie nichts zu sagen hätten. Sie tun es nur nicht zu diesem Zeitpunkt.

Dafür aber umso öfter danach. Nicht wahr, meine Damen?

Das hat häufig verschiedene Ursachen. Es kann damit zu tun haben, dass sie die Reaktionen anderer, besonders die kritischen, fürchten. Sie haben auch Angst, nicht kompetent zu wirken. Manchmal ist es ihnen schlichtweg peinlich, von so vielen Menschen angeschaut, bewertet und eventuell sogar verurteilt zu werden. Was, wenn sie keinen perfekten Auftritt liefern? Was, wenn andere sie nicht sympathisch finden? Sehen sie momentan überhaupt gut aus? Was, wenn kritische Fragen kommen, auf die sie keine Antwort finden, und so weiter. Ihnen fehlt schlicht und ergreifend der Mut. Schon allein der Gedanke, vor eine Gruppe zu treten, verursacht vielen Übelkeit und Angstzustände, wie zum Beispiel zitternde Hände und eine zitternde Stimme, Schweißausbrüche bis hin zu Sprachausfällen. Vielleicht kennst du das ja auch?

Das Gleiche passiert bei Rollenspielen. Die meisten Frauen würden lieber barfuß über glühende Kohlen gehen, als in einem Rollenspiel mitzumachen. Und immer geht es darum, was andere von ihnen denken könnten. Das irgendwelche Mängel zum Vorschein kommen könnten. Wenn dann auch schon vorher negative Erfahrungen gemacht wurden, ist es fast schon unmöglich, sie dazu zu bewegen, es noch einmal zu versuchen.

Da ich ja selbst immer wieder mal Rhetoriktrainings durchführe, begegne ich nicht selten Frauen, die schon am Anfang eines Vortrags in Tränen ausbrechen und den Saal am liebsten fluchtartig verlassen würden. Doch wie soll, gerade im Berufsleben, jemand auf unser Wissen und Können aufmerksam werden, wenn wir uns nicht trauen, es öffentlich zu zeigen? Auch einmal sozusagen im Scheinwerferlicht zu stehen?

Sobald der Spot dann aber aus oder die Besprechung vorbei ist, haben Frauen wieder ganz viel zu sagen. Besonders über die anderen Redner. Wie die wirkten, was die konnten, wie die aussahen. Und nicht alles ist besonders positiv.

Der eigenen Stimme Raum geben

Mit meiner nunmehr über 30-jährigen Berufs- und Beratungserfahrung bin ich jedoch der Meinung, dass gerade den Mut zu haben, auch öffentlich der eigenen Stimme Raum zu geben, eine selbstbewusstseinsstärkende Maßnahme sein kann. Man muss nicht gleich zu einer „Rampensau" werde, so wie ich sicherlich eine bin, aber man sollte auch nicht davor zurückschrecken. Den Mut haben, das zu sagen und zu teilen, was man zu sagen und zu teilen hat.

Zu viele Frauen stellen ihr Licht unter den Scheffel und erwarten gerade im Berufsleben, dass sie schon jemand bemerken und vielleicht auch mit einer Beförderung belohnen wird, auch wenn sie nur still und fleißig vor sich hin arbeiten. Doch so funktioniert das meistens nicht. Hier greift eher das Prinzip: Tue Gutes und rede drüber. Auch eine Portion Eigenlob ist an der einen oder anderen Stelle angebracht. Im Berufsleben spielt Eigen-PR eine wichtige Rolle, wenn man vorankommen möchte. Wenn du also beruflich Karriere machen möchtest, dann lerne, vor Gruppen zu sprechen. Lass sie hören, was du zu sagen hast. Und ich rede hier nicht vom Schreiben eines Blogs und anonymisierten Kommentaren in sozialen Netzwerken. Ich rede von Gelegenheiten, bei denen reale Menschen vor dir sitzen. Natürlich kannst du trotzdem zusätzlich deine Meinung in einem Blog verbreiten und in sozialen Netzwerken aktiv sein.

Aber gerade an die Jüngeren unter euch appeliere ich: Bitte verwechselt ein Facebooklike für einen geteilten Inhalt oder ein gephotoshopptes Foto von euch nicht mit realer Anerkennung. Es ist sicherlich ein Nice-to-Have, aber lasst es nicht zu einem Must-Have werden. Das macht nur neurotisch.

Angst vor der Reaktion anderer

Doch gehen wir noch einmal zurück zu meinen Erfahrungen in Rhetorikseminaren. Wenn die bereits erwähnten Frauen sich dann doch vor die Gruppe stellen, um einen Vortrag zu halten, bekommen sie anschließend auch eine Rückmeldung seitens der Zuhörer. Schließlich sind sie ja in einem Seminar und sollen oder wollen lernen, besser vor Gruppen zu sprechen.

Dann passiert fast immer das Gleiche: Besonders am Anfang scheuen sich insbesondere die zuhörenden Frauen, eine ehrliche, konstruktive Kritik zu äußern. Entweder mit der Begründung: *„Das fällt mir schwer, weil ich die Person kenne"* oder *„Das fällt mir schwer, weil ich die Person nicht kenne."* Doch mit ein bisschen Unterstützung meinerseits trauen sie sich dann doch. Man kann ihnen aber ansehen, wie unangenehm ihnen das ist. Nachdem sie ein paar zarte Kritikpunkte angesprochen haben, wie zum Beispiel: *„Du wirktest etwas nervös, deine Hände haben gezittert"* oder *„Ich hätte mir etwas mehr Information zu XY gewünscht"*, geht das Drama erst richtig los. Die Rednerin selbst wartet meistens nicht, bis die Rückmeldung zu Ende ist, sondern unterbricht und fängt an, sich zu erklären. Manche entschuldigen sich, andere werden trotzig. Sie hören selten lange genug zu, um eventuell etwas aus dem Kommentar zu lernen. Meistens versuchen sie die Kritik zu wiederlegen oder schämen sich in Grund und Boden.

Schlechter Umgang mit Kritik

Das ist übrigens genau das, wovor die Feedbackgeberin sich gefürchtet hat: dass die Rednerin empfindlich und langatmig reagiert. Eine klassische Reaktion, wenn es um das Entgegennehmen von Kritik geht.

Die wenigsten sind mutig genug, kritische Kommentare einfach mal stehen zu lassen. Egal ob gerechtfertigt oder nicht. Sofort fühlen sie sich persönlich angegriffen, nehmen diese Kommentare oft mit nach Hause und grübeln darüber nach. Meistens führt diese emotionale Auseinandersetzung zu einer Verzerrung dessen, was wirklich gesagt wurde. Letztendlich drehen sie sich im Kreis. So kann *frau* natürlich nicht besser werden, wenn es darum geht, auch einmal öffentlich vor anderen zu sprechen. Stattdessen werden diese Erfahrungen negativ abgespeichert und führen dazu, dass Frauen sich zurückziehen, statt aus ihren Erfahrungen wertvolle Schlüsse für das nächste Mal zu ziehen. Es gibt einfach kein nächstes Mal.

Übung: *Mein persönlicher Film*

Diese Übung soll dir helfen, wenn du planst, dich demnächst mehr öffentlich zu äußern. Nehmen wir für diese Übung das Beispiel einer wichtigen regelmäßigen Besprechung, an der du dich zukünftig mehr beteiligen möchtest. In der du deine Meinung aussprechen möchtest.

Such dir einen ruhigen Ort, an dem du für ca. 30 Minuten arbeiten kannst. Setz dich auf einen Stuhl oder in einen bequemen Sessel. Schließ die Augen. Stell dir vor, du sitzt in einem Kino und im Saal ist es dunkel. Die Werbung ist vorbei und der Hauptfilm beginnt.

Auf der Leinwand siehst du jetzt dich selbst in der zukünftigen Situation. Wer ist in dieser Szene noch anwesend? Wo befindet sich dein zweites Ich? Hör genau hin, was es in dieser Szene zu hören gibt. Vielleicht Geräusche außerhalb des Raumes oder Gespräche zwischen anwesenden Personen. Jetzt spricht eine dieser Personen in die Runde und präsentiert unterschiedliche Informationen. Fragt die Anwesenden nach ihrer Meinung oder nach ihren Ideen.

Dein zweites Ich hat auf jeden Fall Ideen und auch eine Meinung zu dem Gesagten. Jetzt schau genau hin, wie dein zweites Ich sich aufrichtet und seine Hand hebt, um zu zeigen, dass es etwas zu sagen hat. Der

Vortragende schaut es fragend an und bittet es zu sprechen. Jetzt hör genau hin, wie dein zweites Ich seine Meinung sicher und selbstbewusst vorträgt. Wie sieht es dabei aus, welche Worte benutzt es? Welche Reaktionen siehst du bei den anderen Anwesenden? Vielleicht Zustimmung, vielleicht auch kritische Blicke. Jetzt hörst Du, wie dein zweites Ich professionell und souverän mit möglichen Einwänden oder mit Kritik umgeht. Wie es sich nicht aus der Ruhe bringen lässt.

Modifizier diese Szene so lange, bis sie dich zufriedenstellt. Bis dein zweites Ich so agiert, wie du es zukünftig gern tun möchtest. Wenn die Szene für dich passt, dann lass diesen kleinen Film noch einmal vor deinem inneren Auge ablaufen, so als würdest du ein Video zurückspulen und wieder vorwärtslaufen lassen. Wiederhol das fünf- bis zehnmal.

Wenn du fertig bist, atme dreimal tief durch und öffne deine Augen. Jetzt schreib dir auf, was dein zweites Ich gesagt oder getan hat, was es so souverän hat wirken lassen. Welche Körpersprache war hilfreich, um seine Botschaft zu verstärken? Wenn du das erledigt hast, hast du sozusagen einen Fahrplan für die nächste Besprechung. Du kannst dir Stichpunkte aus deiner „Filmerfahrung" mitnehmen und einsetzen.

Diese Technik der virtuellen Trainingsläufe stammt aus dem Mentaltraining und kann dir helfen, dich auf eine reale Situation besser vorzubereiten.

Noch ein paar Tipps

Hilfreiche Formulierungen, um seine eigene Meinung zu verstärken, sind:

- Ich denke, dass…
- Ich bin der Meinung, dass…
- Ich meine, dass…
- Für mich klingt das…

Der Kosten-Nutzen-Check

Wenn du in solchen Situationen zögerst, deine Meinung auszusprechen, stell dir folgende beide Fragen:

1. Wenn ich mich jetzt zurückhalte, wozu dient mir das? Finde den Hinderungsgrund heraus.
2. Wenn ich mich wieder nicht melde, was verhindere ich dann Positives?
   Mach dir bewusst, welchen Preis du für das Nichtagieren zahlst.

Und jetzt mach den Mund auf und sag, was du zu sagen hast.

Mut im Umgang mit Männern

Frauen sind Beziehungsmenschen. In einer Beziehung zu sein ist für viele Frauen oft das Wichtigste. Schon als junges Mädchen träumen sie vom Prinzen und auch im zunehmenden Alter bleibt das für viele so. Witzigerweise hat sich das selbst in Zeiten der zunehmenden Gleichberechtigung und Emanzipation nicht geändert. Das merkt man an den steigenden Zahlen an Hochzeitsmessen und dem immer größer werdenden Hype um die Traumhochzeit. Unter einem Prinzessinnenstatus geht da gar nichts. Ich habe sogar das Gefühl, dass Anfang des 21. Jahrhundert junge Frauen sich wieder mehr über ihren Beziehungsstatus definieren als zum Beispiel Frauen, die in den sechziger und siebziger Jahren aufgewachsen sind.

Frauen und ihre Suche nach der ewigen Liebe

Männer suchen nach Bewunderung, Anerkennung und dann nach Liebe. Frauen suchen primär nach Liebe. Welche Frau kennt nicht die Zeiten des ersten Verliebtseins. Wie dramatisch es für uns war, wenn der angebetete Junge uns nicht bemerkte. Oder wie sehr wir (gemeinsam mit unseren Freundinnen) in jede Geste und in jedes Verhalten eine Bedeutung hineininterpretierten. Wie verzweifelt wir in späteren Jahren sein konnten, wenn nach dem ersten Date kein Anruf von ihm kam. Wie wir, selbst als erwachsene Frauen, neben dem Telefon ausgeharrt haben und dann tausend Entschuldigungen dafür fanden, warum der Typ nicht anruft. Vielleicht hatte er ja einen Unfall, schlimmer noch, vielleicht war er ja tot ...

Frauen sind empfindsame Wesen und suchen nach Liebe, denn Liebe ist auch eine Form von Anerkennung. Für diese Liebe sind Frauen bereit, vieles auf sich zu nehmen und vieles aufzugeben. Manche sogar den Großteil ihres eigenen, selbstständigen Lebens. Und wie unzufrieden und enttäuscht können Frauen sein, wenn ihnen nicht genügend Liebe entgegengebracht wird. Denn für Frauen bedeutet geliebt zu werden auch, gebraucht zu werden. Und wer gebraucht wird, hat einen gewissen Status in der Gesellschaft und ist ein wertvoller Teil von ihr. Somit kann die Suche nach Liebe und Beweisen für diese Liebe für Frauen sehr schnell zur Sucht werden. Viele Experten reden in diesem Zusammenhang von Liebessucht.

Die Autorin, Ehe- und Familientherapeutin Robin Norwood spricht in ihrem Buch „Wenn Frauen zu sehr lieben. Die heimliche Sucht, gebraucht zu werden" davon, dass diese Frauen voller Ängste stecken. Angst, nicht liebenswert zu sein; Angst, allein zu sein, verlassen zu werden, nichts wert zu sein.

Fast jede Frau hat mindestens eine Freundin oder Bekannte, die „zu sehr liebt". Die sich immer wieder in ungesunde Beziehungen verstrickt. Sich immer wieder den falschen Partner sucht und unter den Umständen leidet, um beim nächsten Mal gleich wieder in dieselbe Falle zu tappen.

Natürlich gibt es auch Männer, die zu sehr lieben, doch Männer scheuen eher die Abhängigkeit in einer obsessiven Beziehung. Man denke nur an den einsamen Wolf.

Wie lässt sich Liebessucht erkennen?

- Frauen mit Liebessucht haben Angst, verlassen zu werden.

- Sie fühlen sich allein unvollständig und allein zu leben macht ihnen Angst.

- Sie machen ihre Zufriedenheit und ihr Glück abhängig vom Partner und/oder ihren Kindern. Sind diese nett zu ihnen, fühlen sie sich gut.

Werden sie weniger beachtet, fühlen sie sich schlecht. Das gilt übrigens auch für den Berufsalltag. Wie oft höre ich von Frauen, dass sie den Erfolg des Tages an dem ersten Gesichtsausdruck ihrer Kollegen oder Kolleginnen messen.

- Sie richten ihr Leben nach den Bedürfnissen anderer aus und wundern sich, dass es ihnen dabei oft nicht gut geht. Vorteil dieser Strategie ist natürlich, dass daran die anderen dann auch schuld sind.

- Wenn sie in Partnerschaften sind, vernachlässigen sie sehr schnell den eigenen Freundeskreis, und ihr eigenes Beziehungsumfeld verkleinert sich zusehends.

- Sie sind total fixiert auf die Bedürfnisse ihres Partners.

- Sie klammern, rufen ständig an und haben Probleme loszulassen.

- Sie grübeln ständig darüber, was sie besser machen könnten, damit sie mehr Liebe bekommen.

- Im Extremfall reden sie sich das übergriffige oder abweisende Verhalten ihres Partners schön.

Schließlich konnte er nicht anders oder hatte gerade einen schlechten Tag.

- Liebe und Leiden gehören für diese Frauen zusammen.

Laut Norwood zeigen Frauen, die zu sehr lieben, typische Merkmale, wie zum Beispiel:

- Oft stammen sie aus einem gestörten Elternhaus, in dem ihre emotionalen Bedürfnisse nicht berücksichtigt wurden.

- Da sie selbst wenig Fürsorge erfahren haben, sind sie selbst besonders fürsorglich. Vor allem Männern gegenüber, die bedürftig erscheinen. Dazu gehört für sie auch der einsame Wolf.

- Meistens waren ein oder zwei Elternteile wenig liebevoll oder zärtlich. Nun suchen sie sich einen emotional nicht zugänglichen Mann und versuchen ihn durch ihre Liebe zu verändern. Extrembeispiele dafür sind sicherlich die Frauen, die sich in Massenmörder verlieben, die im Gefängnis sitzen, und die sie im Extremfall auch noch heiraten.

- Da sie große Angst haben, verlassen zu werden, tun sie alles, um zu verhindern, dass dies passiert.

- Es gibt fast nichts, was sie nicht für ihn tun würden.

- Da ihnen lieblose Beziehungen vertraut sind, sind sie bereit zu warten, zu hoffen und sich noch mehr zu bemühen.

- Sie nehmen weitaus mehr als die Hälfte der Schuld und Verantwortung für Probleme in der Beziehung auf sich.

- Sie haben eine alarmierend niedrige Selbstachtung und tief in ihrem Inneren bezweifeln sie, dass sie überhaupt liebenswert sind.

- Da sie in ihrer Kindheit wenig Sicherheit erlebt haben, versuchen sie verzweifelt ihren Partner, ihre Beziehung oder auch ihre Kinder zu kontrollieren. Grundsätzlich versuchen sie dies aber als Hilfsbereitschaft zu verkaufen.

- Sie träumen von einer idealen Beziehung und ignorieren die Realität.

- Freundliche, stabile und verlässliche Männer empfinden sie als eher langweilig.

Es versteht sich von selbst, dass Frauen, die an Liebessucht leiden, nicht zufrieden sind. Sie wissen oftmals gar nicht, was Zufriedenheit real für sie bedeuten könnte. Sie haben sich meistens in einer imaginären Welt eingerichtet, in der die Liebe alle Probleme löst und sie irgendwann glücklich bis ans Ende ihrer Tage sein werden. Mit dem Objekt ihrer Liebe.

In den Medien ist Liebe selten realistisch

Doch natürlich leiden nicht alle Frauen unter Liebessucht. Das wäre ja fatal. Aber Liebe spielt eine große Rolle im Leben von Frauen. Zu lieben und geliebt zu werden sind wichtige Faktoren und deswegen wird diesem Thema auch viel Zeit gewidmet. Denk nur an die unzähligen Liebesromane, -filme und -lieder, die primär von Frauen gekauft werden. Artikel zu dem Thema: „Wie finde ich die Liebe meines Lebens" sind keine Seltenheit und wenn du die Begriffe „Seminare und Liebe" bei Google eingibst, erhältst du 1.180.000 Ergebnisse!
Viele Filme thematisieren schwierige Liebesbeziehungen. Die schönsten Liebeslieder handeln von Leid. Die meisten Liebesromane sind auf Hunderten von Seiten voller leidvoller Erlebnisse, bevor am Ende ein Happy End möglich ist. Aber auch nicht immer. Oft stirbt auch der Angebetete und sie bleibt voller Bedauern und Trauer zurück, um sich nie

wieder zu verlieben. Komischerweise trifft es meistens die Frauen.

Auf der einen Seite also die ewige Suche nach der perfekten Liebe und dem perfekten Partner, auf der anderen Seite der leidvolle Weg dahin. Und wenn dann mal Geschichten von wahrer Liebe präsentiert werden, dann sind die oft so heroisch, dass die eigene Realität dagegen fad erscheint.

Was nicht passt, wird aussortiert

Und dann auch noch das: Alle zehn Sekunden verliebt sich ein Mensch über Parship! Frage ist nur, wie lange diese Verliebtheit hält. Wer kennt nicht die vollmundigen Werbeversprechen der verschiedenen Datingplattformen. Ich selbst habe jahrelang in unterschiedlichen Plattformen einen Partner gesucht und war irgendwann entsetzt, wie sehr die subjektive Verfügbarkeit von angeblich Tausenden von möglichen Partnern eher dazu führt, bei der kleinsten Unebenheit gleich weiterzuklicken. Augen passen nicht, Größe passt nicht, Hobbys passen nicht und so weiter. Das gilt natürlich für beide Seiten. Wie oft bin ich aussortiert worden, weil etwas nicht gepasst hat. Und in der Anonymität des Netzes mit Nicknames scheut sich der eine oder andere auch nicht davor, einem das auch noch per Mail mitzuteilen. Du bist zu dick, zu groß, zu alt etc. Aua, das tut weh und das, obwohl man den anderen gar nicht kennt. Noch schlimmer ist es, wenn es dann bei realen Treffen passiert.

Und immer geht es darum, sich im bestmöglichen Licht zu präsentieren. Frauen machen sich oft jünger und leichter. Männer oft größer und erfolgreicher. Kein Wunder, dass viele der Treffen negative Spuren hinterlassen und gerade Frauen sehr oft mit den Verletzungen kämpfen, die sie durch unachtsame Bemerkungen ihres Dates mit sich herumtragen. Männer schütteln das eher ab und begeben sich wieder auf die Jagd. Frauen knabbern länger daran. Es nährt die Selbstzweifel und schürt die Unzufriedenheit. Und die meisten Frauen suchen den Makel wieder primär bei sich selbst. Also versuchen sie beim nächsten Treffen noch besser auszusehen und nichts Falsches zu sagen. Sich letztendlich nicht so zu zeigen, wie sie sind. Dazu fehlt ihnen irgendwann der Mut.

Mutig den für dich richtigen Mann anziehen

Mit richtig meine ich nicht den perfekten Mann, sondern den Mann, der dich so zu würdigen weiß, wie du bist. Für den du dich nicht verstellen musst. Ja, es gibt diese Männer. Doch ich habe gelernt, dass wir auch mal gnädiger sein müssen. Auch Männer mögen es nicht, bewertet zu werden. Und seien wir mal ehrlich, meine Damen, unsere Latte in puncto Mann liegt oftmals auch sehr hoch. Manchmal gehen wir einen Kompromiss ein, weil wir insgeheim glauben, ihn langfristig schon von seinen Macken befreien zu können. Ich habe irgendwo mal den Spruch gelesen:

Eine Frau heiratet einen Mann in der Überzeugung, dass sie ihn schon ändern kann.

Ein Mann heiratet eine Frau in der Hoffnung, dass sie immer so bleibt, wie sie am Anfang war.

Kein Wunder, dass es irgendwann zu Enttäuschungen kommt. Ich meine damit nicht, dass du mit Männern nicht darüber reden darfst, wenn dich etwas stört, aber dann nimm den Vorwurf raus und sag ehrlich, worum es dir wirklich geht.

Wie so etwas funktioniert? Hier eine Anleitung aus meinen Kritikseminaren:

Wichtig bei dieser Vorgehensweise ist, dass du die Reihenfolge genau so einhältst, wie ich sie jetzt vorgebe. Diese Art der Kritik lässt sich auch in anderen Situationen anwenden, zum Beispiel auf der Arbeit oder im Freundeskreis.

Anmerkung:

Eine kleine Warnung vorab: Egal wie ruhig oder sachlich und inhaltlich korrekt du deine Kritik auch äußerst – es gibt keine Garantie, dass der andere sie dir nicht übel nimmt. Solltest du diese Kritikform mal bei einer Frau anwenden, kann es sein, dass sie sich trotzdem verletzt fühlt. Und das, obwohl du nicht verletzend warst oder verletzen wolltest. Letztendlich entscheidet immer der Empfänger einer Botschaft, wie er eine Kritik annimmt. Doch gerade bei Männern lohnt es sich, klar zu sagen, was ist, und das geht so:

Übung: Ehrlich sagen, was du willst

1. *Ich statt man:* Sprich bitte in der Ich-Form. Benutz nicht Wörter wie *man* oder *wir* (zum Beispiel im Kollegenkreis). Hier geht es um dich und deine Kritik und/oder deinen Änderungswunsch.

2. *Verhalten in einer konkreten Situation:* Konzentriere dich auf das für dich problematische Verhalten des anderen, indem du eine konkrete Situation beschreibst, in der dieses Verhalten aufgetreten ist.

Wenn du diese Situation beschreibst, verfall nicht in Bewertungen, wie zum Beispiel: „*Du hörst mir überhaupt nicht zu*" oder „*Du bist immer so abweisend.*" Diese Art der „Du-Kommunikation" wird immer als Vorwurf empfunden. Besser wäre: „*Als ich dir gestern von meinen Problemen mit der Kollegin berichten wollte, habe ich gesehen, wie du kurz mit den Augen gerollt hast, und dann hast du deinen Blick immer wieder zum Fernseher schweifen lassen.*"

3. *Auswirkungen auf dich:* Jetzt kommt der Teil, wo du ganz bei dir bist, indem du dem anderen sagst, was das zuvor beschriebene Verhalten in dir ausgelöst hat. Hier kommt die Ehrlichkeit ins Spiel, die bei Kritik oft fehlt. Wir sind es gewohnt, andere zu kritisieren, ohne zu sagen, warum es für uns so wichtig ist, dass sie ihr Verhalten ändern.

Also musst du dir vorher überlegen, was dieses Verhalten des anderen ausgelöst hat: Warst du verletzt, traurig, frustriert etc.? du musst auch nicht erklären, warum das so war. Sag einfach nur, was war. Manche wollen nicht, dass der andere erfährt, was er oder sie ausgelöst hat. Der andere soll sich schuldig fühlen und sein Verhalten ändern. Doch das ist keine ehrliche Kommunikation und führt meistens zu Widerstand. Also sei mutig und sag, was ist. Zeig dein wahres Ich.

4. **Dein Wunsch:** Wenn es sich um deinen Beziehungspartner handelt, wäre jetzt der Zeitpunkt gekommen, ihm konkret zu sagen, was du anders haben möchtest. Und zwar in Form einer Bitte und so präzise wie möglich. Das heißt, du formulierst deine Bitte ohne Negation, sondern mit einer möglichen Handlungsanweisung: *„Ich würde dich bitten, wenn ich das nächste Mal Gesprächsbedarf habe, dass du mich anschaust und wir den Fernseher mal kurz ausstellen, falls er dann an ist. Geht das?"*

Eins muss aber klar sein, der andere hat auch das Recht, deine Bitte abzuschlagen. Wenn dich das enttäuscht, kannst du dem anderen das sagen und ihn fragen, warum er deiner Bitte nicht nachkommt. Vielleicht wird dir seine Antwort nicht gefallen, aber wenigstens hast du jetzt mehr über den anderen erfahren. Versuch danach nicht nachtragend zu sein. Da würde das nächste Gespräch nur erschweren.

Meine Erfahrung ist jedoch, dass Männer einem durchaus eine Bitte erfüllen, wenn man ihnen ehrlich sagt, warum etwas für einen selbst wichtig ist. Das heißt nicht, dass sie den Grund immer verstehen, aber wenigstens kommen sie deiner Bitte nach. Oder wie mein Partner mal in so einem Zusammenhang gesagt hat: *„Vielleicht fehlt mir da ein Gen, um das zu verstehen. Wenn es aber für dich so wichtig ist, dann mache ich das."*

Tipp:

Äußere so eine Kritik immer zeitnah (Regel: nicht länger als 48 Stunden nach der vorgefallenen Situation).

Keine Sammelbestellung! Damit meine ich, konzentrier deine Kritik auf eine einzige Situation und vermeide Wörter wie *immer, andauernd, ewig* … Diese Wörter magst du sicherlich auch nicht, wenn jemand dich kritisiert.

Bereite dich auf so ein Gespräch vor. Das bedeutet, dass du mental durchspielst, wie du es führst. Welche Reaktionen könnten kommen und was machst oder sagst du dann?

Mut, Entscheidungen zu treffen

Gehörst du auch zu den Menschen, die sich schwertun, Entscheidungen zu treffen? Die Entscheidungen oft vor sich herschieben und insgeheim hoffen, dass jemand anderer für sie entscheidet oder das Ganze sich von allein erledigt? Doch es gibt im Leben fast täglich Situationen, in denen wir Entscheidungen treffen müssen. Manchmal sind es kleine wie: *„Was will ich heute im Restaurant essen?"* oder große: *„Soll ich meinen Job wechseln? Soll ich meinen Lebenspartner verlassen? Soll ich umziehen?"* Besonders bei größeren Entscheidungen, die Einfluss auf unser derzeitiges Leben haben, brauchen wir Mut, um sie zu treffen.

Es soll aber die richtige Entscheidung sein

Doch warum fällt es vielen von uns eigentlich so schwer, Entscheidungen zu treffen? Einer der Hauptgründe ist sicherlich die Angst vor falschen Entscheidungen. Was, wenn ich es später bereue, so oder so entschieden zu haben? Wir wollen eine Garantie, dass die getroffene Entscheidung auch die richtige war. Aber gerade bei Entscheidungen wie einem Umzug oder einem Jobwechsel lässt sich erst viel später sagen, ob die Entscheidung richtig war. Es ist immer auch ein Risiko dabei. Was sicherlich der nächste Grund für Entscheidungsschwierigkeiten ist: Wir wollen Sicherheit und kein Risiko.

Nicht zu unterschätzen ist auch der Umstand, dass eine Entscheidung *für* etwas auch automatisch eine Entscheidung *gegen* etwas ist. Wir müssen von etwas Abschied nehmen, und das tun die meisten von uns nicht so gern.

Als ich vor Jahren zu meinem Lebenspartner aufs Land gezogen bin, musste ich mich von meinem geliebten Leben in der Großstadt verabschieden. Ich habe mich auch immer als Städter gesehen und nicht als Landei (man bemerke die wertschätzende Wortwahl), denn ich habe die meiste Zeit meines Lebens weltweit in Städten gewohnt und die Aussicht, jetzt aufs Land zu ziehen, machte mir Angst. Gleichzeitig war es eine logische Entscheidung, da ich als Freiberuflerin von überall aus arbeiten kann und letztendlich sowieso immer zu meinen bundesweite verstreuten Kunden reisen muss. Doch Logik hat mir die Entscheidung nicht erleichtert, da ich unter Verlustängsten und auch ein wenig unter Identitätsverlust litt. Schließlich war ich ja Städter und hatte etwa in Frankfurt, Johannesburg, Sydney und Fort

Lauderdale gelebt. Und jetzt sollte ich in ein Dorf mit 500 Einwohnern ziehen!

Horrorvisionen stellen sich ein

Manche von uns haben auch die Tendenz, das Ergebnis einer Entscheidung überzubewerten. Wir stellen uns vor, wie schlimm es werden könnte, und diese Vorstellungen sind manchmal die reinsten Horrorvisionen. Was, wenn ich nach dem Umzug keine neuen Freunde finde und meine alten Freunde den Kontakt abbrechen? Wenn ich dann nur noch allein zu Hause hocke und meinem alten Leben nachtrauere? Keinen neuen Lebenspartner finde und irgendwann einsam und verbittert in einem staatlichen Altersheim sitze und mich niemand besucht, da ich nie Kinder hatte und keine Freunde … Und so weiter.

Zu viele Möglichkeiten verursachen Stress

Manchmal ist es auch einfach die Menge an Möglichkeiten, die uns lähmt. Gerade in der heutigen Zeit wird uns immer wieder suggeriert, dass alles möglich ist, wenn wir es nur wollen. Doch wie sollen wir bei all den Möglichkeiten wirklich wissen, was wir wollen?

Ich denke, dass das gerade für junge Menschen heutzutage ein Problem darstellt. Das fängt schon im

Kleinen an: Wenn Verena zum Beispiel zusagt, am Samstag zu einer bestimmten Verabredung zu gehen, könnte sie ja was anderes verpassen. Also lässt sie sich bis zum letzten Moment Zeit und sagt erst einmal nirgendwo zu. Wenn sie dann doch tut und sich vor Ort befindet, checkt sie immer wieder per Handy, was bei den anderen los ist. Das Bedürfnis, alles mitzunehmen, artet förmlich in Stress aus und nimmt ihr die Zufriedenheit mit der getroffenen Entscheidung. Sie hat immer Angst, etwas zu verpassen. Das, was sie gerade erlebt, kann sie so gar nicht genießen. Stattdessen ist sie nur damit beschäftigt, sich auszumalen, was woanders los ist. Ganz schön anstrengend, oder?

Wie kannst du also mutiger Entscheidungen treffen? Indem du dich mutig damit auseinandersetzt, was in dir los ist.

Übung: Hör auf deine innere Stimme

Jeder von uns hat eine innere Stimme. Die meisten hören sie nur nicht mehr, da sie zu sehr damit beschäftigt sind, sich zu beschäftigen. Doch gerade bei wichtigen Entscheidungen kann unsere innere Stimme (manche nennen es auch unser Bauchgefühl) ein wichtiger Ratgeber sein. Doch erst einmal müssen wir wieder Zugang zu ihr bekommen. Dr. Elisabeth Lukas, Schülerin von Viktor Frankl, empfiehlt Stille, zum

Beispiel in Form eines Spaziergangs. Ohne Begleitung und ohne elektronische Medien. Einfach Zeit, sich wieder einmal mit den eigenen Gefühlen und Gedanken zu befassen. Und zwar ohne Ablenkung.

Anmerkung:

Viktor Frankl ist der Begründer der Logotherapie, einer sinnzentrierten und wertorientierten Psychotherapie. Er wurde 1905 in Wien geboren und studierte Medizin mit Schwerpunkt Psychotherapie. Als Jude wurde er 1942 in das Ghetto Theresienstadt deportiert und 1944 von dort in das KZ Auschwitz. 1945 brachte man ihn dann in das Lager Türkheim, ein Außenlager des KZs Dachau. Am 27. April 1945 wurde er in Türkheim von der US-Armee befreit. Seine Eindrücke und Erfahrungen in den Konzentrationslagern verarbeitete er 1946 in dem Buch: „…trotzdem Ja zum Leben sagen: Ein Psychologe erlebt das Konzentrationslager. Es wurden 9.000.000 Exemplare verkauft. Insgesamt hat er über 30 Bücher geschrieben, die in über 20 Sprachen übersetzt wurden.

Es kann eine Weile dauern, bis du zur Ruhe kommst und deine innere Stimme hören kannst, die meistens eher leise spricht. Deswegen nimm dir die Zeit, erst einmal nur spazieren zu gehen und dich auf dein Umfeld zu konzentrieren. Achtsam wahrzunehmen, was dort wahrzunehmen ist. Das satte Grün der Bäume, den Geruch des Waldes, das Zwitschern von Vögeln oder den Wind in den Baumwipfeln. Wenn sich ein Gefühl von Ruhe eingestellt hat, frag dich: Was wäre jetzt für mich richtig? Nicht für andere, nicht später und nicht früher. Jetzt.

Hör auf dein Innerstes und mit ein bisschen Glück hast du schon einen Hinweis auf den richtigen Weg für dich.

Die richtigen Fragen schaffen Klarheit

Hier noch ein paar Fragen, die dir helfen können, Klarheit bezüglich der für dich richtigen Entscheidung zu gewinnen. Besonders wenn es darum geht, zwischen zwei Alternativen zu wählen. Nehmen wir als Beispiel meine Situation: *„Soll ich aufs Land ziehen oder nicht?"*

1. *Was möchte ich auf jeden Fall behalten?*

    Ich möchte auf jeden Fall noch Zeit in der Großstadt verbringen und meine dortigen Freunde behalten.

2. ***Wie könnte ich das trotzdem hinkriegen, auch wenn ich auf dem Land wohne?*** (In meinem Fall war der neue Wohnort 130 Kilometer entfernt.)

Ich könnte regelmäßig Termine mit meinen Freunden in der Stadt vereinbarem, zum Beispiel zu einem frühen Abendessen oder zum Kaffeetrinken und vorher oder nachher noch ein paar Stunden durch die Stadt bummeln oder Museen besuchen etc.

3. ***Welchen Preis zahle ich, wenn ich in der Stadt wohnen bleibe?***
Ich habe weiterhin den Stress einer Wochenendbeziehung. Eventuell könnte ihr das schaden und uns eher auseinanderbringen als näher zueinander. Ich habe zwei Haushalte, die ich versorgen möchte. Irgendwann ist keiner der beiden Wohnorte ein wirkliches Zuhause.

4. ***Was könnte schlimmstenfalls passieren, wenn ich mich falsch entscheide? Wenn ich auf dem Land nicht glücklich werde?***

Dann ziehe ich wieder zurück. Meine Freunde würden mir dabei helfen und arbeitsmäßig ist es für mich egal, wenn ich wieder zurückziehe. Es wäre erst einmal wieder ein Aufwand, aber da ich schon oft umgezogen bin, wäre es nicht neu für mich und durchaus machbar.

Danach war die Entscheidung für mich klar. Ich bin das Risiko eingegangen und es hat sich gelohnt. Natürlich vermisse ich immer mal wieder „meine Stadt", aber dann fahre ich halt hin und verbringe den Tag dort. Und dann freue ich mich darauf, wieder nach Hause zu kommen, zu dem Mann, den ich liebe, und dem Parkplatz, der vor der Haustür ist. In der Stadt gehörte nämlich das Parkplatzsuchen zu meiner täglichen Routine.

Mut, Nein zu sagen

Menschen wollen geliebt werden. Frauen wollen meistens von allen geliebt werden. Dafür sind sie einen hohen Preis zu zahlen bereit. Den, dass ihre eigenen Bedürfnisse nicht gehört werden. Dass ihre eigene Meinung untergeht und sie über kurz oder lang auch ihre Selbstachtung verlieren. Oder wenigstens einen inneren Kompass dafür, was sie selbst wollen und wer sie sind.

Klingt extrem? Das sehe ich anders. Ich habe in meiner Coachingpraxis und in meinen Teamcoachings immer wieder mit Frauen zu tun, die nie richtig gelernt haben, Nein zu sagen. Nie gelernt haben, Grenzen zu setzen und sich selbstbewusst zu behaupten. Oder aber Frauen, die wiederum von anderen (meistens anderen Frauen) abgestraft wurden, wenn sie sich doch einmal getraut haben, etwas abzulehnen. In Teams wird das oft mit Ausgrenzung geahndet. In der Kindheit und in ihren Beziehungen wurden sie vielleicht mit Liebesentzug bestraft. Das ist für viele Frauen kaum auszuhalten. Es ist ihre Achillessehne. Harmonie- und Liebesbedürftigkeit sind zwei große Hindernisse, wenn es darum geht, einmal mutig Grenzen zu setzen. Und wenn ich Nein sage, dann setze ich jemandem meine Grenze.

Bitte versteh mich nicht falsch. Ich rede hier nicht über Gewalt- und Missbrauchssituationen. Hier geht es um ganz alltägliche Grenzüberschreitungen, bei denen die Wünsche, Erwartungen und Forderungen anderer nicht deinen entsprechen.

Zum Beispiel, wenn die durch wenig Leistung hervorstechende Kollegin immer wieder erwartet, dass du für sie einspringst. Wenn der Liebste am liebsten Fußball schaut, wenn du neben ihm sitzt. Und dass obwohl du nicht einmal die Regeln kennst noch dich dafür interessiert. Wenn die Kinder der Meinung sind, dass ihre Bedürfnisse wichtiger sind als deine und du eh nichts Besseres zu tun hast, als hinter ihnen herzuräumen oder sie überall hinzufahren. Wenn die eigene Mutter oder die Schwiegermutter sich in Familienangelegenheiten oder andere private Dinge einmischt, und so weiter. Dann ist es höchste Zeit, mutig Grenzen zu setzen und Nein zu sagen.

Sich selbst die Erlaubnis geben, Grenzen zu setzen

Vielleicht hast du ja schon jetzt ein flaues Gefühl in der Magengegend, wenn du daran denkst? Was, wenn die anderen es nicht mögen? Wahrscheinlich werden es die anderen auch nicht mögen, denn schließlich bekommen sie nicht, was sie wollen. Vielleicht sind sie auch überrascht über dein Nein und müssen sich erst einmal daran gewöhnen. Was sie aber auf gar keinen Fall tun müssen, ist, dir die Erlaubnis dazu zu geben. Nur du kannst dir diese Erlaubnis geben. Aber wenn du bis jetzt Schwierigkeiten hattest, Nein zu sagen, musst du vielleicht erst einmal herausfinden, warum das so ist.

Übung: Was hat mich bis jetzt davon abgehalten, Nein zu sagen?

Wenn du bis jetzt Probleme hattest, Nein zu sagen, dann hast du das wahrscheinlich nicht gelernt. Deine Eltern waren sicherlich selten begeistert, wenn du Nein gesagt hast. Nein sagen hatte für dich oft negative Konsequenzen. Kein Wunder, dass es dir jetzt schwerfällt, es zu tun.

Also ist es wichtig, erst einmal zu schauen, was genau dich davon abhält. Welche Erfahrungen hast du gemacht und wie beeinflussen sie dich heute noch.

Die folgende Übung ist auch wieder schriftlich. Du kannst sie mit Stift und Papier machen oder Dir eine Tabelle auf deinem Computer erstellen.

Du brauchst fünf Spalten:

Titel der Tabelle: Erfahrungen mit Neinsagen

Überschriften der einzelnen Spalten:
1. *Wann (wie alt war ich?)*
2. *Situation, in der ich Nein gesagt habe?*
3. *Wer war noch da? Wie war die Reaktion?*
4. *Wieso war die Reaktion für mich prägend?*
5. *Welche Erkenntnis/Regel habe ich daraus für mich gewonnen/entwickelt?*

Sinn dieser Übung ist es, dass du erkennst, welche Regeln dich davon abhalten, Nein zu sagen. Manchmal reicht schon das Erkennen einer spezifischen Situation, um sich klarzumachen, dass es jetzt keinen Anlass mehr gibt, dieselben Reaktionen wie damals zu erwarten. Manchmal zeigt die Tabelle aber auch, bei welcher Person oder welchen Personen mit ähnlichen Wesensmerkmalen oder ähnlichem Auftritt dir Nein sagen besonders schwer fällt. Dann hast du einen Hinweis darauf, bei welchen Personen du an dir arbeiten kannst, um eventuelle Muster oder Ängste zu überwinden.

Tu es für dich und nicht für andere

Ein weiterer meiner Meinung nach wichtiger Aspekt ist, dass man weiß, für wen man Nein sagt. Und ganz ehrlich, es gibt nur eine Person, für die du Nein sagen solltest. Und diese Person bist du selbst. Hier geht es darum, dass du deine eigenen Grenzen wahrnimmst und dafür sorgst, dass sie eingehalten werden. Du solltest wissen, was dir guttut und was nicht. Falls du es nicht weißt, ist es höchste Zeit, es herauszufinden.

Ich rede noch nicht einmal von dem Nein, das normal sein sollte, wenn es um Sex oder körperliche Grenzüberschreitungen geht. Ich rede von den alltäglichen Neins.

- Nein, ich möchte nicht mitgchen.
- Nein, ich mag nicht noch mehr Kuchen essen.
- Nein, ich kann nicht länger bleiben.
- Nein, ich werde nicht für dich einspringen.
- Nein, ich kann das nicht auch noch erledigen.
- Nein, das will ich nicht. Das geht mir zu weit.
- Nein, du bekommst kein neues Handy.
- Nein, du kannst nicht länger hier wohnen.

und so weiter.

Halte die Reaktionen der anderen aus

Meistens wird dein Gegenüber nicht begeistert sein, wenn du Nein sagst. Das liegt daran, dass dein Nein seine Bedürfnisse oder Erwartungen einschränkt.

Ansonsten hätte der andere ja nicht gefragt oder versucht, dich dazu zu bewegen, etwas für ihn zu tun. Also nimm seine Reaktion als Beweis dafür, dass du auf dem richtigen Weg bist. Momentan machst du dich vielleicht auch gerade mal unbeliebt. Doch meistens geht das vorbei; im beruflichen Kontext suchen sich kategorische Grenzüberschreiter dann einfach ein anderes Opfer, das die Grenzüberschreitung zulässt. Doch viel öfter wirst du die Erfahrung machen, dass ein Nein durchaus akzeptiert wird. Besonders wenn dein Gegenüber ein Mann ist.

Warum? Weil Männer meistens Bitten oder Fragen ohne Hintergedanken stellen. Das heißt, sie wollen einfach nur wissen, ob du etwas tust oder übernimmst. Wenn nicht, ist das für sie auch o.k.

Wir Frauen sind da deutlich vielschichtiger. Wir überlegen uns meistens schon vorher, was eine Bitte oder Frage bedeuten könnte. Vielleicht steckt ja ein bewusstes oder unbewusstes Bedürfnis dahinter. Dann überlegen wir uns, was eine Ablehnung für uns bedeutet: Mag derjenige uns dann nicht mehr? Ist unsere Beziehung gefährdet? Wird es eine Racheaktion geben? Bei einem Mann bedeutet eine Frage meistens einfach nur eine Frage und ein Nein einfach nur ein Nein. Wie man im Englischen sagen würde: „No strings attached", heißt, ohne jegliche Konsequenzen.

Deswegen können männliche Kontrahenten auch nach einem heftigen Streit noch gemeinsam ein Bier trinken gehen. Denn das eine hat mit dem anderen nichts zu tun. Das finde ich wirklich beneidenswert. Denn wir Frauen liegen wahrscheinlich irgendwann im Bett und machen uns Gedanken, ob unser Nein am nächsten Tag oder in den nächsten Wochen negative Konsequenzen für unsere Beziehung haben wird. Kein Wunder, dass wir so viele schlaflose Nächte haben.

An dieser Stelle möchte ich eines meiner YouTube-Videos empfehlen: „Was wir Frauen von Männern lernen können". Das findest auf meinem YouTube-Kanal, den du einfach unter meinem Namen findest.

Doch wie hält *frau* die Reaktion anderer aus, wenn sie wenig Übung im Neinsagen hat? Indem sie übt. Meistens fragen mich meine Seminarteilnehmerinnen: *„Wie kann ich positiv Nein sagen?"* Dann ist die erste Frage meinerseits: *„Positiv für wen?"*

Übung: Nein sagen lernen

Wenn du lernen möchtest, öfter Nein zu sagen, und du wenig Übung darin hast, dann betrachte es wie eine Mitgliedschaft im Fitnessstudio. Du willst Muskelaufbau betreiben, hast aber bisher kaum etwas gemacht. Vielleicht gehst du an die Gewichte. Doch jeder Trainer wird dir sagen: *"Fang bitte nicht mit schweren Gewichten an!"*

Du musst mit wenig Gewicht beginnen und dich langsam hocharbeiten. Ansonsten hast du wahrscheinlich sehr schnell Muskelzerrungen und deine Motivation wird gegen null sinken. Ein Vier-Schritte-Modell kann dir helfen, wobei der erste Schritt paradox klingen mag:

1. Sag Ja zu deinen Bedürfnissen und Interessen

Solltest du deine Bedürfnisse und Interessen nicht kennen, dann finde sie heraus. Und erlaub Dir, innerlich zu ihnen zu stehen.

2. Nimm das Wort NEIN in deinen Sprachgebrauch auf

Es ist ja kein großes Wort, aber viele Frauen haben wenig Übung damit. Hier bin ich wieder beim Bodybuilding. Übe mit geringen Gewichten, bei denen nichts Schlimmes passieren kann: *"Nein Schatz, ich möchte heute Abend nicht ins Kino gehen"*, *"Nein, dazu habe ich keine Information."* Wichtig ist dabei, dass du keine langatmigen Entschuldigungen und Erklärungen abgibst. Kurz und knapp.

Nach einiger Zeit kannst du auch größere Neins aussprechen: *"Nein, ich springe nicht für dich ein"*, *"Nein, du kannst nicht bei deinem Freund übernachten"*, und so weiter. Wenn der Muskel erst einmal aufgebaut ist, kostet das Trainieren auch nicht mehr so viel Kraft.

3. Worst-Case-Szenario

Stell dich deinen Ängsten. Was ist denn das Schlimmste, das nach deinem Nein passieren könnte? du wirst wahrscheinlich sehr schnell merken, dass deine Vorstellung der Realität nicht wirklich entspricht. Besonders wenn wir laut aussprechen, was wir befürchten. Sollte dir eine negative Reaktion von deinem Gegenüber doch realistisch erscheinen, dann praktiziere ein wenig Mentaltraining. Stell dir alle möglichen Reaktionsmuster vor und überleg Dir, was du dann sagst oder tust. Dann bist du wenigstens vorbereitet. Und wie bei jeder Prüfung: Je mehr du dich vorbereitest, desto weniger wird wahrscheinlich gefordert.

4. Ja mit Brückenfunktion

Das Ja mit Brückenfunktion kann besonders hilfreich sein, wenn du zum Beispiel einer Person, die hierarchisch über dir steht, ein Nein sagen möchtest. Vielleicht befürchtest du negative Konsequenzen auf ein Nein hin, dann denk darüber nach, was du als Verhandlungsangebot machen könntest. Zum Beispiel: *"Nein, ich kann heute keine Überstunden mehr machen, aber ich könnte morgen Früh eine Stunde früher kommen und das erledigen."*

Anmerkung

Jede Erklärung nach einem Nein schwächt das Nein. Also bitte keine Erklärungen. Letztendlich klingen sie nur wie Rechtfertigungen und Entschuldigungen. Besonders wenn dein Satz auch noch mit den Worten: *„Tut mir leid, aber nein…"* beginnt. Ich finde, ein Nein muss dir nicht leidtun. Schließlich war es ja nur eine Bitte oder eine Frage. Vielleicht tut es dir ja auch nicht wirklich leid und diese Aussage ist letztendlich nur eine Floskel, die dein Gegenüber sowieso nicht glaubt. Also spar dir diesen Einstieg zu einem Nein. Außer, es tut dir wirklich leid.

Mut, erfolgreich zu sein

Vor einigen Jahren dachte man, eine Frauenquote in großen deutschen Unternehmen wäre eine gute Idee. Generell kann man aber feststellen, dass sich selbst mit Quote wenig in den Führungsetagen getan hat. Zum einen liegt das sicherlich daran, dass viele Männer von der entsprechenden Qualifikation und Leistungsfähigkeit von Frauen nicht überzeugt sind. Zum anderen gibt es aber sicherlich auch nicht allzu viele Frauen, die eine derartige Verantwortung anstreben. Das wiederum ist in dem Selbstzweifel begründet, unter dem viele, trotz beachtlichen Erfolgs, immer noch leiden. Eine gehobene Position lässt das Selbstbewusstsein von Frauen nicht unbedingt steigen, sondern bewirkt oftmals eher das Gegenteil. Ganz im Gegensatz zu Männern. Was ist da los?

Das Impostor-Syndrom, ...

... auch Hochstapler-Syndrom genannt, ist ein psychologisches Phänomen, das die betroffene Person (Frau oder Mann) daran hindert, ihre Erfolge zu internalisieren. Obwohl es objektive Beweise für deren Fähigkeiten und Erfolge gibt, ist sie selbst davon überzeugt, dass sie sich ihren Erfolg erschlichen und ihn nicht verdient hat. Die von anderen als Erfolge gewerteten Leistungen sind für sie selbst Glück oder Zufall oder sie meint, ihre Fähigkeiten würden von den anderen überschätzt.

Immer die Angst, entdeckt zu werden

Kennst du diese Gedanken auch von Dir? Fällt es dir schwer, deine Erfolge anzuerkennen oder überhaupt wahrzunehmen? Hast Du Angst davor, jemand könnte entdecken, dass du vielleicht doch nicht so gut bist, wie alle denken? Selbst Klientinnen von mir, die offensichtlich beruflich und auch persönlich sehr erfolgreich sind, leiden oft unter einer solchen Angst.. Sie besetzen verantwortungsvolle Positionen in der Wirtschaft, verdienen gutes Geld, haben nebenbei manchmal noch drei Kinder großgezogen und engagieren sich ehrenamtlich. Trotzdem haben sie eine geringe Meinung von sich selbst.

Mutig zu sich selbst und den eigenen Fähigkeiten stehen geht gar nicht! Eher melden sie sich zu dem 75. Seminar oder Kurs an, um noch besser zu werden. Damit sie dann vielleicht das Gefühl bekommen, es verdient zu haben, dort zu sein, wo sie sind. Selbstoptimierung wegen eines schwachen Selbstwertgefühls ist gerade bei Frauen besonders ausgeprägt. Da geht es weniger um spaßorientiertes lebenslanges Lernen, sondern eher, endlich den Punkt zu erreichen, an dem man sich wertvoll fühlt.

Natürlich gibt es auch Männer, die unter einem Impostor-Syndrom leiden. In unterschiedlichen Studien wurde jedoch schon bewiesen, dass sich die Auswirkungen von Impostor-Gefühlen geschlechtsbezogen anders äußern.

Sehr stark betroffen scheinen Frauen aus dem akademischen Bereich zu sein. Eine Theorie bezüglich der Ursachen dafür lautet, dass die Gesellschaft bezogen auf Frauen immer noch bestimmte Rollenerwartungen hat. Männer sollen kompetent und unvoreingenommen sein. Von Frauen hingegen wird immer noch erwartet, dass sie Liebenswürdigkeit und Sensibilität verkörpern. Attribute wie Hilfsbereitschaft, Einfühlungsvermögen, Freundschaftlichkeit und Kommunikationsfähigkeit werden immer noch primär Frauen zugeordnet. Um beruflich erfolgreich zu sein, benötigt man jedoch Selbstvertrauen, Unabhängigkeit, Durchsetzungsvermögen und Durchsetzungsfähigkeit. Doch genau diese Eigenschaften führen oft dazu, dass Frauen von ihrem Umfeld abgelehnt werden, ihre Leistungen infrage gestellt werden. Dies führt zu einer starken innerlichen Ambivalenz, die Frauen wiederum an ihren eigenen Fähigkeiten zweifeln lässt. Frauen, die diese Grenze überschreiten, sind oft von

Schuldgefühlen geplagt. Daraus resultieren negative Selbstdialoge, die das eigene Selbstbewusstsein schädigen und somit das solide Fundament erodieren, das *frau* braucht, wenn sie mutig ihren eigenen Weg gehen möchte.

Zu viel Selbstkritik verhindert Erfolg

Frauen sind selbstkritische Wesen. Eigentlich sind wir generell kritisch bei fast allem und jedem, selten zufrieden, aber am kritischsten mit uns selbst. Das beginnt mit unserem Aussehen, geht über das Gewicht und endet bei unserer Intelligenz. Wie soll man da mutig zu seinen Erfolgen stehen, wenn man andauernd damit beschäftigt ist, was mit einem selbst nicht stimmt? Was Frauen brauchen, ist mehr Eigenlob.

Schon 1996 schrieb die Bestsellerautorin und Coach Sabine Asgodom das Buch: „Eigenlob stimmt, Erfolg durch Selbst-PR". Eine Neuauflage erschien 2018. Sie plädiert darin dafür, dass Frauen endlich aufhören, zu bescheiden zu sein, und die Einzigartigkeit entdecken, die in ihnen steckt – und sie dann auch selbstbewusst einsetzen. Ein humorvoller Einstieg in das Thema Selbst-PR. Erschreckend finde ich persönlich nur, dass sich selbst nach über 20 Jahren seit Erscheinen der ersten Auflage bei deutschen Frauen so wenig bezüglich Eigen-PR getan hat. Immer noch wird selbstbewusstes Auftreten von vielen Frauen als negativ eingestuft, als marktschreierisch oder als zu männlich.

Wenn man „Frauen und selbstbewusstes Auftreten" bei Google eingibt, erhält man 697 000 Einträge! Und meistens geht es dabei um das Erlernen eines selbstbewussten Auftretens, da viele Frauen anscheinend Probleme damit haben. In der Berufswelt ist aber Fakt, dass meistens die weiterkommen, die sich selbstsicher geben und auch kein Problem damit haben, über ihre Erfolge zu reden oder sie zu publizieren. Nicht die, die permanent an sich selbst zweifeln, immer nur fleißig vor sich hinarbeiten und ihre Erfolge herunterspielen.

Eine Studie der amerikanischen Psychologen Lewis Terman und Melita Oden belegt, dass Selbstzweifel die größten Hemmnisse für beruflichen Erfolg darstellen. Durch Beharrlichkeit, Hartnäckigkeit und Kommunikation können langfristig Erfolge erzielt werden. Intelligenz und Talent spielen dabei auch keine so große Rolle. Eine interessante Information für alle diejenigen, die glauben, immer noch nicht gut genug zu sein.

6 Wege aus den Selbstzweifeln heraus

1. Achte auf deine Worte: Gehörst du zu den Frauen, die dazu neigen, ihre Erfolge herunterzuspielen? Der solche Sätze über die Lippen kommen wie: „Das ist doch mein Job; das war doch nichts, na ja, so toll war das jetzt auch nicht." Dann achte in Zukunft darauf, wie du auf Anerkennung reagierst. Rede deine Leistung vor anderen und vor dir selbst nicht klein.

2. Lerne, Lob anzunehmen: Am besten mit wenig Worten – „Danke, das freut mich." Leider können viele Frauen mit Lob genauso schlecht umgehen wie mit Kritik. Sie spielen Lob herunter, sind peinlich berührt oder meinen, erklären zu müssen, dass eigentlich nur die Umstände oder andere dazu beigetragen haben, dass sie eine gute Leistung erbracht haben. So ein Umgang mit Lob führt meistens dazu, dass man in Zukunft weniger Lob bekommt, da der andere genervt ist.

3. Notiere deine Erfolge: Viele Frauen tendieren dazu, ihren Blick mehr auf das Negative als auf das Positive zu lenken. Damit deine Erfolge nicht untergehen und du das, was du leistest, nicht vergisst, führ ein Erfolgstagebuch. Beende jeden Tag, indem du in einem Erfolgstagebuch festhältst, was du an diesem Tag erreicht hast:

1. Was ist mir heute gut gelungen?
2. Worauf darf ich heute stolz sein?
3. Wem habe ich heute mit meiner Leistung geholfen?

Welchen Beitrag habe ich heute zum Erfolg meiner Abteilung oder dem Erfolg einzelner Familienmitglieder/Freunde geleistet?

4. Hör auf, dich mit anderen zu vergleichen: Natürlich ist es gut, Vorbilder zu haben, die einen anspornen oder dazu motivieren, etwas zu verändern. Das kann dir Kraft und Energie geben. Negativ ist es, wenn du dich mit anderen vergleichst und das Gefühl hast, dabei immer den Kürzeren zu ziehen.

5. Sei nicht immer harmoniebedürftig: Wenn jemand vor jeder Art von Konfrontation flieht, lässt das auf fehlendes Selbstbewusstsein schließen. Auf Außenstehende wirkt eine solche Situation manchmal geradezu haarsträubend: *„Wieso steht er nicht zu seiner Meinung?"* oder *„Wieso lässt sie sich immer so schnell einschüchtern?"* sind dann typische Gedanken.

6. Mit jemandem über die eigenen Ängste sprechen: Wenn du wirklich an einem Impostor-Syndrom leiden solltest, wirst du Angst haben, entdeckt zu werden. Deswegen kann es dir helfen, mit jemandem über deine Ängste zu sprechen. Dich sozusagen zu outen. Am besten mit jemandem, dem du vertraust, oder du suchst dir einen professionellen Gesprächspartner, wie eine

Therapeutin oder einen Coach. Wahrscheinlich wird es für dich schon eine Erleichterung darstellen, wenn du deine Ängste nicht mehr geheim halten musst.

Mut, wütend zu sein

„Wut, ein Gefühl, das von starkem Ärger und Zorn bestimmt ist und bei dem man häufig laut wird oder schreit." So steht es im Duden. Doch Wut ist noch so vieles mehr. Auf Lateinisch *furor*, steht sie für Raserei, Leidenschaft und Wahnsinn. Im Französischen *rage* genannt, steht sie zusätzlich auch für Toben.

Psychologen, wie zum Beispiel Verena Kast, grenzen Wut jedoch von Zorn und Ärger bewusst ab. Bei Wut herrsche ein höheres Erregungsniveau als bei Zorn oder Ärger. Generell spricht sie eher von Zorn, wenn die Angelegenheit, die uns ärgert, nicht auf unser Ich bezogen ist. Es betrifft eher etwas Übergreifendes. Zum Beispiel, wenn wir im Stau stehen. Dann ist das ärgerlich, doch die meisten Menschen werden dann nicht gleich wütend. Außer der Stau hält einen von einem wichtigen Termin ab, dann kann man schon mal wütend auf die „Idioten" werden, die diesen blöden Auffahrunfall verursacht haben und jetzt damit den Verkehr behindern. Wut wird meistens mit Aggression gleichgesetzt, weil sie oftmals aggressiv daherkommt.

Letztendlich gehört die Wut, laut dem anerkannten Anthropologen und Psychologieprofessor Paul Ekmann, zu den sieben Basisemotionen, die alle Menschen normalerweise haben: Freude, Wut, Ekel,

Furcht, Verachtung, Traurigkeit und Überraschung. Doch gesellschaftlich gesehen hat Wut kein besonders gutes Image. Schon gar nicht, wenn Frauen Wut zeigen.

Dürfen Frauen überhaupt wütend sein?

Laut einer Studie, die an der renommierten Yale Universität von der Psychologin Victoria Brescoll durchgeführt wurde, wird Wut Frauen im Beruf immer negativ ausgelegt. Ihr Fazit: „Eine wütende Frau verliert an Status, ganz gleich in welcher Position sie ist." In der Studie wurden den Teilnehmern Videos von weiblichen und von männlichen Bewerbungskandidaten gezeigt, die während des Bewerbungsgesprächs wütend reagierten. Sowohl die weiblichen als auch die männlichen Beobachter schrieben den wütenden Männern einen höheren Status und höhere Kompetenz zu. Der Wutausbruch wurde eher als Durchsetzungsstärke gewertet. Ganz im Gegensatz zu den weiblichen Bewerberinnen. Bei ihnen empfanden die Studienteilnehmer die Wut als unprofessionellen Kontrollverlust. Interessant war auch, dass Frauen, die einen Grund für ihren Ausbruch nannten, weniger streng beurteilt wurden als Männer; ihnen wurde das als Schwäche ausgelegt.

Also auch hier ein Beispiel dafür, dass selbst bei Emotionen mit unterschiedlichem Maß gemessen wird, wenn es um Männer und Frauen geht. Was bei den einen als positiv gilt, wird bei den anderen als negativ gesehen. Traurig ist nur, dass Frauen ihre Geschlechtsgenossinnen oft genauso bewerten.

Doch auch wenn wütende Frauen eher als hysterische Zicken gesehen werden, die einfach nicht locker mit Dingen und Situationen umgehen können, kann es sich lohnen, die eigene Wut zu zeigen. Denn Wut ist ein wichtiger Impulsgeber.

Sie kann uns zeigen, dass hier etwas nicht stimmt. Sie setzt Energien frei und löst Anspannung und auch Ängste. Wut kann ein mächtiger Verbündeter sein, wenn es darum geht, für sich selbst einzustehen oder gegen Ungerechtigkeiten Stellung zu beziehen. Sie setzt Grenzen und schafft Distanz und beides kann manchmal sehr wichtig sein, stärkt wiederum das Selbstbewusstsein und macht *frau* in Konflikten auch sichtbar. Wie du sozusagen konstruktiv statt destruktiv deine Wut äußern oder zeigen kannst, dazu ein paar Übungen am Ende des Kapitels.

Besser rauslassen statt reinfressen

Natürlich gibt es auch Frauen, die ihre Wut rauslassen. Doch wenn man etwa die Beispiele im Fernsehen betrachtet, dann kommt das dem Bild von der hysterischen Zicke schon sehr nahe. Laut, schrill und unkontrolliert. Was aber meistens nicht gezeigt wird, ist, dass die betreffende Frau wahrscheinlich schon sehr lange verärgert, dann zornig und schließlich extrem wütend war. Und dann kam der berühmte kleine Tropfen, der das Fass zum Überlaufen brachte. Und dann kann das Verhalten wirklich schon einmal hysterisch wirken, denn dann sind alle Dämme gebrochen und alle Emotionen, die unter der Wut liegen, wie etwa Verletzungen, Kränkung, Frustration und Hilflosigkeit, brechen hervor. Es scheint, als komme alles gleichzeitig heraus. Und das ziemlich unkontrolliert. Und dann folgt die Scham … Und die ist für viele Frauen meistens noch schlimmer als die Wut. Kennst du das?

Wir Frauen sind Meisterinnen darin, Dinge in uns hineinzufressen. Oftmals auch so zu tun, als ob alles in Ordnung sei, wenn das schon lange nicht mehr der Fall ist. Viele von uns leiden lieber tage-, wochen- oder monatelang (manche sogar Jahre), bevor wir endlich mal den Mund aufmachen. Und da viele nur diese beiden Pole – in sich reinfressen oder einen Ausbruch haben – kennen, bleiben sie lieber ruhig. Sie entsprechen dann dem immer noch vorherrschenden gesellschaftlichen Bild: „Frauen sind sanftmütig". Ich würde eher sagen, Frauen sind häufig brodelnde Vulkane. Und sie haben Angst vor einer Eruption.

Da hilft nur eins: üben, üben, üben. Damit meine ich nicht, dass du permanent Wutausbrüche haben solltest, sondern dass du lernen musst, deine Wut zu äußern. Meistens verbal, doch manchmal vielleicht auch körperlich. Und das Ausagieren der Wut auf der körperlichen Ebene kann dir helfen, danach Wut auch verbal souverän und mutig zu äußern.

Diese Übung ist besonders geeignet, wenn du Probleme hast, Zugang zu deiner Wut zu bekommen, aber spürst, dass sie unterschwellig da ist. Du möchtest diese Wut rauslassen, hast aber Angst, dass das unkontrolliert passieren könnte.

Vielleicht hast du bis jetzt gedacht, dass wütende Menschen unprofessionell und primitiv sind; dann ist es wohl mal Zeit, in Kontakt mit deiner eigenen Wut zu kommen. Denn ganz ehrlich, es gibt niemanden, der nicht auch einmal richtig wütend ist. Da bist du keine Ausnahme. Obwohl diese Übung körperlicher Natur ist, ist sie gut für deine Psychohygiene. Sich selbst zu erlauben, immer mal wieder wütend zu sein, wird dir helfen, mutiger zu werden. Deine Wut kann ein Verbündeter werden auf dem Weg zu einem mutigeren Leben.

Übung: Zeig dem Kissen deine Wut

Gut wäre, wenn du einen Raum zur Verfügung hättest, in dem du auch einmal richtig laut schreien kannst, ohne dass die Nachbarn gleich die Polizei rufen. Besorg dir ein großes, am besten dick gepolstertes Kissen, außerdem einige Blätter Papier und einen dicken Marker.

Nimm dir ein wenig Zeit und versuche mit deiner Wut in Kontakt zu kommen. Schreib einen Begriff, den du mit deiner Wut assoziierst, auf ein Blatt Papier. Das kann zum Beispiel Job, Exfreund etc. sein. Am besten nur *ein* Wort. Dann sag dieses Wort, während du anfängst, auf das Kissen zu hauen. Versuch immer kräftiger zu schlagen, während du das Wort immer lauter sagst und schließlich schreist. Lass alles raus. Hau einfach weiter auf das Kissen ein, bis du das Gefühl hast, jetzt ist es genug.

Es kann sein, dass es dir am Anfang schwerfällt oder du dir komisch vorkommst. Das ist normal. Mach eine kleine Pause und nimm ein neues Blatt Papier. Schreib den nächsten Begriff auf und beginn wieder auf das Kissen zu schlagen. Eventuell kommst du sehr schnell in Fahrt und vielleicht fallen dir immer mehr Begriffe ein. Die meisten Frauen fangen mit oberflächlichen, nicht so wichtigen Themen an und steigern sich dann zu den für sie persönlichen Wutthemen.

Wenn sich in dir einiges aufgestaut hat, wirst du wahrscheinlich auch ein paar Tränen vergießen. Das ist alles normal und reinigend. Außerdem kann es passieren, dass du am Ende auch sehr erschöpft bist. Daher wäre es gut, diese Übung nicht vor anstrengenden Terminen zu machen. Gönn dir danach lieber einen ruhigen Spaziergang in der Natur. Das ist Balsam für die Seele. Aber bitte Tempos mitnehmen. Oder vielleicht möchtest du auch einer Person Deines Vertrauens erzählen, wie es dir während der Übung gegangen ist. Auch das ist o.k. Achte aber darauf, dass diese Person gut zuhören kann und nicht den Drang verspürt, dir dann unzählige Ratschläge zu geben.

Anmerkung:

Solltest du befürchten, nicht mit eventuell hochkommenden Emotionen umgehen zu können, dann wäre es sinnvoll, das Thema mit einer professionellen Begleitung anzugehen.

Grundsätzlich ist natürlich Bewegung generell eine Möglichkeit, um Wut abzubauen. Zum Beispiel Joggen oder ein anderer Ausdauersport. Auch Kampfsport eignet sich gut dafür, um mit seinen Gefühlen in Kontakt zu kommen und den Körper so zum Wutabbau zu nutzen. Wahrscheinlich wird dich die Kissenübung jedoch eher mit tieferliegenden Themen konfrontieren als ein ablenkender Sport. Doch es liegt an Dir, was sich für dich besser anfühlt.

Letztendlich liegt jeder Wut eine hohe Energie zugrunde und jede körperliche Betätigung hilft, diese Energie rauszulassen, bevor sie sich in dir anstaut und auch körperliche Schäden verursachen kann.

Übung: Wut wahrnehmen und annehmen

Auch diese zweite Übung funktioniert erst einmal auf der Körperebene. Hier geht es darum nachzuspüren, wo genau in deinem Körper sich dieses Gefühl der Wut lokalisieren lässt. Weniger über die Wut nachzudenken, sondern sie im Körper zu spüren. Und somit, im wahrsten Sinne des Wortes, in Kontakt mit deiner Wut zu kommen. Wichtig ist dabei, dass du dich nicht verurteilst, wenn du die Wut sehr stark oder unangenehm spürst. Nimm einfach an, was du spürst, und beschreib dir selbst, am besten laut, wie sich die Wut sensorisch anfühlt.

Sensorisch heißt, versuche bewertende Kommentare wie: *„Das fühlt sich nicht gut an"* zu ersetzen durch *„Ich spüre einen Druck in der Magengegend. Schon fast schmerzhaft, heiß und pochend ...."* Und so weiter. Es geht darum zu beschreiben, wie sich die Wut in deinem Körper anfühlt. Es geht nicht darum, ob sie unangenehm, gut oder schlecht ist. Das ist ein wichtiger Teil der Übung. Alles darf sein. Du beschreibst einfach nur, was ist.

Gerade bei unangenehmen Körpersensationen oder negativen Gedanken wollen wir immer, dass sie verschwinden. Doch jetzt geht es darum, sie wertfrei zu erspüren.

Vielleicht ist das Gefühl am Anfang sehr stark, aber du wirst merken, dass es sich wahrscheinlich durch deinen achtsamen Umgang damit immer mehr zurückzieht. Das ist letztendlich auch ein Prinzip aus der Achtsamkeitspraxis. Einfach nur wahrnehmen, was ist, und dadurch schon Emotionen verändern.

Oft haben wir unsere Wut jahrelang, manchmal auch jahrzehntelang unterdrückt. Je mehr wir das tun, desto beharrlicher hängt sie sich an uns. Der erste Schritt ist also: Nimm sie wahr und lass sie sein.

Sollte das Körpergefühl phasenweise sehr, sehr stark werden, konzentrier dich einfach auf deinen Atem. Atme dreimal tief ein und aus und das Gefühl sollte weniger werden. Versuch immer wieder mal mit deiner Wut in Kontakt zu kommen. Am Anfang vielleicht sogar täglich, falls du jemand bist, der oft wütend ist. Diese Übung wird dir auch in Situationen helfen, in denen etwas passiert, das dich wütend macht. Atme und spür in deinen Körper, lokalisier deine Wut, atme tief ein und aus und sprich erst danach.

Mut zu Veränderungen

Die heutige Zeit ist schnelllebig, das wird wohl niemand abstreiten wollen. Globalisierung, Digitalisierung und permanente sowie schnellere Weiterentwicklungen in allen Lebensbereichen. Somit haben wir einerseits mehr Möglichkeiten als früher, andererseits müssen wir uns immer wieder auf Neues einstellen. Das heißt, wir müssen uns ständig verändern. Und dazu bleibt oft wenig Zeit, besonders im beruflichen Kontext.

Doch viele Menschen hadern mit Veränderungen. Männer wie Frauen. Wir betreten damit Neuland, manchmal auch ohne doppelten Boden und Sicherheitsnetz. Damit tun sich Frauen, beruflich gesehen, besonders schwer. Vielleicht weil sie generell nicht so risikofreudig sind wie manche Männer. Oder sollte ich lieber sagen, sie sind sicherheitsorientierter als Männer? Doch in diesen Zeiten brauchen wir einfach mehr Mut zur Veränderung, sonst könnte es wirklich passieren, dass wir beruflich abgehängt werden.

Damit sage ich nicht, dass ich andauernde Veränderungen gut finde. Auch ich komme da öfter an meine Grenzen, besonders je älter ich werde und je mehr ich noch Vergleichsmöglichkeiten mit früher habe. Das ist etwas, was jungen Menschen oftmals eine höhere Flexibilität beschert. Sie haben keine Vergleiche mit Zeiten, die sie vielleicht in einigen Punkten besser fanden. Wie sagt man so schön: Vergleiche tun meistens weh. Das kann ich bestätigen. Und letztendlich helfen sie uns auch nicht, mutig Veränderungen und damit einhergehende Herausforderungen und Probleme besser anzugehen.

Das haben wir schon immer so gemacht

Wer kennt diesen Ausspruch nicht. Für mich ist es weniger ein Zeichen von Inflexibilität als von der Macht der Gewohnheit. Und von etwaigen Ängsten, die einen daran hindern, sich für eine Veränderung zu öffnen.

Gewohnheit ist eine unbewusst und automatisch ablaufende Handlung, die zu einer Selbstverständlichkeit geworden ist. Das ist ein großer Vorteil von Gewohnheit: Sie läuft automatisch ab. Man muss nicht mehr darüber nachdenken. Es ist also relativ leicht. Weitere Vorteile von Gewohnheiten sind:

1. Ich weiß schon vorher, was das voraussichtliche Endergebnis sein wird.
2. Ich habe viel Erfahrung mit dieser Gewohnheit.

3. Es gibt wenig Überraschendes und die Gewohnheit gibt mir Sicherheit.
4. Ich muss nichts Neues lernen und riskiere somit nicht zu scheitern.
5. Die Gewohnheit bedeutet für mich und meine Arbeit Routine.

Alle diese Vorteile gelten leider auch für negative Gewohnheiten. Kein Wunder, dass Menschen daran festhalten. Ganz im Gegensatz zu Veränderungen, die im ersten Moment wahrscheinlich eher Nachteile mit sich bringen:

1. Meistens kenne ich das Endergebnis nicht.
2. Es könnte auch schiefgehen.
3. Ich werde wahrscheinlich Fehler machen und Rückschläge erleiden.
4. Mir fehlt es vielleicht an gewissen Kompetenzen.
5. Es kostet mich Mühe und ich muss eventuell weit aus meiner Komfortzone raus.
6. Eventuell gefährdet es meine Gruppenzugehörigkeit, wenn ich mich verändere, andere sich aber nicht.
7. Wenn ich mich persönlich verändere, gefällt das vielleicht auch meinem Partner und/oder meiner Familie nicht.

8. Ich habe Angst vor dieser Veränderung und was sie für mich, meine Arbeit und mein Leben bedeuten könnte.

Kein Wunder also, dass viele vor Veränderungen zurückscheuen. Frauen haben besondere Angst vor den Punkten 3, 6, 7.

Du musst nicht immer mit dem Strom schwimmen

Und genau da kommt Mut ins Spiel. Veränderungen anzugehen mit dem vollen Risiko, dass die bereits genannten Punkte eintreten könnten. Müssen sie aber nicht. Außerdem kannst du ja schon vorher versuchen, dich darauf einzustellen, und dir überlegen, was adäquate Reaktionen wären.

Da Veränderungen oftmals längere Zeit brauchen und man nicht einfach nur einen Knopf drücken kann, ist es wichtig, vorab eine gute Portion Selbstmotivation aufzubauen. Andere werden dich meistens nicht zum Weitermachen motivieren, besonders wenn deine Veränderung sie aus ihrer eigenen Komfortzone bringt. Zum Beispiel bei Veränderungen in der Familie, in der Partnerschaft oder in Teams. Die anderen sind halt auch Gewohnheitstiere.

Wenn andere dich nicht motivieren, dann tu es halt selbst

Selbstmotivation ist ein starkes Werkzeug, wenn es darum geht, aufwendige, schwierige oder langwierige Veränderungen durchzuhalten. Mutiger zu werden ist für dich ja wahrscheinlich auch eine größere Aufgabe, sonst würdest du dieses Buch nicht lesen.

Wenn es um das Thema Motivation geht, spricht man meistens von zwei Motivationsformen: der extrinsischen und der intrinsischen Motivation. Bei der extrinsischen Motivation braucht man Impulse oder Belohnungen von außen, um motiviert zu sein. Meiner Meinung nach sind viele Frauen beruflich und privat extrinsisch motiviert. Sie schauen auf andere, um für sich selbst Motivation zu generieren. Da gibt es dann nur ein Problem: Sie sind auch immer von der Reaktion anderer und von deren Verhalten abhängig. Wenn denen etwas nicht gefällt, dann macht *frau* es nicht mehr.

Ein klassisches Beispiel für einen extrinsischen Motivator im Berufsleben wäre eine Gehaltserhöhung. Man hat aber festgestellt, dass Gehaltserhöhungen nur bis zu einer gewissen Gehaltsstufe motivierend wirken. Danach braucht es andere Motivatoren, um Menschen in Bewegung zu bringen und zu halten.

Außerdem zählt die Gehaltserhöhung zu den kurzfristigen Motivatoren, denn wir gewöhnen uns schnell an das zusätzliche Geld und dann motiviert es uns auch nicht mehr. Wenn du Kinder hast, kennst du sicherlich auch diese Situation: dein Kind will unbedingt das neueste Handy. Es ist bereit, sich voll dafür einzusetzen, hilft im Haushalt und macht auch mal ungeliebte Tätigkeiten. Sobald es das Handy hat, ist diese Motivation meistens wieder vorbei. Und das Handy selbst ist nur so lange interessant, bis das neue Modell auf den Markt kommt.

Bei der intrinsischen Motivation geht es um ganz persönliche Motivatoren, die aus uns selbst heraus entstehen. Etwas, das für dich wichtig ist, egal wie andere darüber denken oder wie sie reagieren. Im beruflichen Kontext könnte das zum Beispiel die persönliche Weiterentwicklung sein. Wenn du die Möglichkeit bekommst, etwas Neues zu lernen. Etwas zu lernen, das dich interessiert und weiterbringt. Dafür lässt du dich auch auf eine anstrengende Veränderung ein. Du weißt, dass dir Lernen Spaß macht, und freust dich darauf, immer besser zu werden. Das Ziel der Veränderung ist sehr attraktiv für dich. Intrinsische Motivatoren halten meistens lang an und helfen bei schwierigen und komplexen Veränderungen.

Also lass uns jetzt mal einige deiner intrinsischen Motivatoren finden, die dir helfen könnten, mutig Veränderungen anzugehen.

Übung: Was motiviert mich?

Hier die Fragen, die du am besten wieder schriftlich beantwortest. Vielleicht legst du dir am Computer eine Vorlage an, die du dann auch bei anderen Gelegenheiten benutzen kannst.

Ich möchte Folgendes verändern:_____

1. Warum ich diese Veränderung machen möchte?
2. Was soll am Ende der Veränderung rauskommen (Ich bin dann …, ich kann dann …)?
3. Was bringt mir diese Veränderung?
    a. kurzfristig
    b. mittelfristig
    c. langfristig
4. Wie wird es sein, wenn ich diese Veränderung umgesetzt habe? – Hier kannst du ruhig eine detaillierte Beschreibung ausarbeiten, zum Beispiel mit den Punkten:
    a. Wie werde ich dann aussehen?
    b. Wie werde ich mich dann fühlen?

c. Wie belohne ich mich für die umgesetzte Veränderung?
  d. Wer wird sich noch mit mir freuen oder mir Anerkennung zeigen?
  e. Wo werde ich dann sein?

Du kannst dir auch gern noch weitere Fragen ausdenken und beantworten. Wichtig ist, dass dich diese Fragen motivieren, dich auf die Veränderung einzulassen und sie nicht zu blockieren.

An dieser Stelle erarbeitest du sozusagen eine attraktive Zielvision. Sie wird dir helfen, auch in schwierigen Phasen weiter an deiner Zielerreichung zu arbeiten. Die Antworten zu den Fragen und deine Zielvision solltest du dir regelmäßig anschauen. Lass dir das zu einer Gewohnheit werden.

Hier jetzt noch ein paar hilfreiche Fragen, um dich auf Unvorhergesehenes vorzubereiten oder etwaige Befürchtungen zu reduzieren.
  a. Wer ist noch von der Veränderung betroffen?
  b. Wie kann ich diese Person oder Personen vorab ins Boot holen?
  c. Was mache ich bei Ablehnung, Zurückweisung oder generellem Widerstand?
  d. Was mache ich bei anderen etwaigen Rückschlägen, etwa wenn ich Fehler mache?

e. Wer oder was könnte mir helfen, wenn es schwierig wird?
f. Was kann ich zwischendrin Gutes für mich tun, um mich motiviert zu halten?
g. Was ist das Schlimmste, das passieren könnte, wenn ich es doch nicht schaffe, und was mache ich dann?

Mut, älter zu werden

Älter werden wir alle. Das wissen wir. Doch einfach ist das für viele von uns nicht. Besonders nicht für uns Frauen. Ich bin da keine Ausnahme. Wenn ich in den Spiegel schaue, sehe ich die vielen Veränderungen, die die letzten Jahrzehnte mit sich gebracht haben. Die Falten, das zusätzliche Gewicht und die grauen Haare. Hier und da tut mein Körper weh und die eine oder andere schwerere Erkrankung habe ich auch schon durchgestanden. Wenn ich mir Fotos von früher anschaue, kommt manchmal leichte Wehmut auf. Immer wieder mal beneide ich mein jüngeres Ich um sein Aussehen und das, was ihm noch alles offenstand.

Beim Älterwerden liegt unser Fokus sehr oft auf den negativen Veränderungen oder darauf, was jede Einzelne als negativ empfindet. Die Aufmerksamkeit liegt auf den zunehmenden Einschränkungen und nicht auf den Vorteilen. Wie hatte schon Joachim Fuchsberger geschrieben: „Alt werden ist nichts für Feiglinge." Gleichzeitig wird unsere Gesellschaft nachweislich immer älter und das Streben nach Jugendlichkeit scheint auch immer mehr zuzunehmen. Das erkennt man ja schon an der Vielzahl von angeblich verjüngenden Produkten, die jedes Jahr auf den Markt kommen, und der stetig steigenden Zahl an durchgeführten Schönheits-OPs. Und wie so oft sind wir Frauen die Hauptzielgruppe dieser Verjüngungsindustrie. Wie kommt das? Fehlt uns etwa der Mut, alt zu werden?

Dürfen Frauen überhaupt alt werden?

Ich glaube, einer der Hauptgründe, warum Frauen mit ihrem Alter hadern, ist das gesellschaftliche Bild, wie eine Frau zu sein und wie sie auszusehen hat. Schon seit Jahrhunderten (vielleicht auch Jahrtausenden) hat es immer Vorgaben gegeben, wann eine Frau schön und begehrenswert war. Dumm nur, dass diese Bilder sich von Epoche zu Epoche änderten. Und immer waren sie letztendlich Projektionen von Männern.

Mit der zunehmenden globalen Digitalisierung werden wir jetzt fast ununterbrochen mit Bildern und Storys bombardiert, wie *frau* auszusehen und wie sie zu sein hat. Davon kann sich kaum eine Frau freimachen. Und schon junge Mädchen laufen diesen Bildern hinterher und mit dreißig denken sie dann, sie wären alt und nicht mehr attraktiv.

Ältere Männer und Frauen werden mit ungleichem Maß gemessen. Männer werden angeblich mit zunehmendem Alter interessanter. Was sicherlich bei manchen Männern auch an zunehmender Macht, steigendem Einfluss und mehr Geld liegen könnte. Neben der Tatsache, dass Falten und graue Haare Männer angeblich attraktiver machen.

Ältere Frauen verlieren an Attraktivität

Doch für uns Frauen gelten andere Regeln. Schon vor den Wechseljahren werden bei uns zunehmende Falten und graue Haare selten als attraktiv gesehen. Überall wird uns vorgegaukelt, dass nur ein straffer, jugendlicher Frauenkörper attraktiv ist. Nach den Wechseljahren haben wir die Fähigkeit verloren, Kinder zu bekommen, und evolutionsbiologisch erfüllen wir nun auch die wichtige Funktion als Gebärende nicht mehr.

Ältere Männer verlassen ihre Partnerinnen oft für jüngere Frauen und scheuen sich auch nicht davor, im fortgeschrittenen Alter noch Kinder zu zeugen. Das könnten wir Frauen gar nicht, selbst wenn wir es wollten. Aber die Wissenschaft forscht derzeit schon daran, ob man die Natur nicht austricksen kann. Ob das wirklich sinnvoll ist, sei dahingestellt.

Schon 1978 stellte Susan Sontag, eine amerikanische Schriftstellerin und Regisseurin, die These auf, das Altern selbst sei weiblich. In ihrem Essay: „The Double Standard of Aging" erklärte Sontag, dass es für Frauen eben schlicht nur ein akzeptiertes Schönheitsideal gebe: das des Mädchens kurz nach der Geschlechtsreife. Schon wenn ein Mädchen zur Frau werde, werde das als ästhetischer Absturz gewertet. Frauen würden also nicht erst biologisch altern, sondern sozial gesehen bereits ab dem Zeitpunkt, ab dem sie nicht mehr jung sind. Bei Frauen sei Altern schon fast eine Krankheit.

Einfach nicht mehr da …

Ältere Frauen werden auch gesellschaftlich immer weniger wahrgenommen. Oder wie die Autorin Bascha Mika in ihrem Buch „Mutprobe. Frauen und das höllische Spiel mit dem Älterwerden" moniert: Wir unterliegen dann dem „Verschwinde-Fluch". Immer weniger anerkennende Blicke von Männern. Keine Unterstützungsangebote mehr, zum Beispiel im Zug, wenn *frau* über 40 versucht, den Koffer in die Kofferablage zu hieven. In den Medien tauchen ältere Frauen immer seltener auf. Bekannte ältere Schauspieler bekommen meistens jüngere Gespielinnen an die Seite gestellt. Manchmal sogar dreißig Jahre jüngere Frauen! Und interessanterweise sind diese dann oft klein und zierlich und erinnern eher an Mädchen als an Frauen. Das ist dann normal.

Schauspielerinnen bekommen ab 40 oft nur noch Mutterrollen angeboten. Auch die Psychoanalytikerin Eva Jaeggi stellt bei ihren Patientinnen immer wieder fest, dass sie es als besonders schmerzlich empfinden, wenn sie sich nicht mehr wahrgenommen fühlen. Dass sie darunter leiden, dass sie erotisch als Unperson gesehen werden.

„Großmutter-Sex"

Ältere Frauen werden oft auch entsexualisiert. Jüngere Frauen werden grundsätzlich als mehr sexy angesehen. Sex mit älteren Frauen wird von Männern nur selten als erstrebenswert empfunden. Außer sie sind schon lange mit ihrer Partnerin zusammen oder sie haben eine entsprechende sexuelle Vorliebe. Das wird dann als Fetisch gesehen und man nennt es umgangssprachlich „Großmutter-Sex". Wobei manche der Frauen, die in entsprechenden Pornomedien gezeigt werden, kaum älter sind als 50. Also ist es doch kein Wunder, dass Frauen mit ihrem Älterwerden hadern. Weibliches Älterwerden wird öffentlich stigmatisiert und abgewertet.

Auch jüngere Frauen haben schon Angst vor dem Älterwerden

Jungen Frauen fehlt es oftmals an geeigneten Vorbildern. Sie fürchten sich schon im jungen Alter vor dem Älterwerden, wie die vielen Beiträge in unterschiedlichen Foren betreffend Älterwerden beweisen. Hier nur ein kleines Beispiel aus dem Jahre 2015, das ich auf einer Onlineplattform gefunden habe. Die Autorin war zu diesem Zeitpunkt 17: *„Wenn ich mal solche Beine habe wie meine Mutter, dann möchte ich nicht mehr leben, ich würde mein Leben so hassen. Ich kann nicht mehr, ich finde immer mehr Mängel an mir. Meine Beine finde ich jetzt noch recht schön im Spiegel, aber ich habe so panische Angst, jeden Tag muss ich daran denken, was später passiert, und plötzlich hasse ich wieder meinen kompletten Körper. Ich habe auch einen Freund und ich habe auch Angst, wenn ich bald so hässlich aussehe, dass er mich nicht mehr schön findet. Was kann ich tun?"* Grundsätzlich ging es um das Thema Besenreiser und Cellulitis. Natürlich könnte man jetzt sagen, dass das albern ist, sich in dem Alter solche Gedanken zu machen. Ich bin der Meinung, dass das einfach nur traurig ist, dass ein junges Mädchen sich so sieht und schon eine solche Panik vor dem Älterwerden hat. Dass wir als ältere Frauen auch eine Verantwortung dafür haben, was wir jungen Frauen mit auf den Weg geben.

Frauen sind unbarmherzig

Doch leider sind Frauen oft unbewusst Unterstützerinnen dieser Anti-Age-Mühle. Geradezu unbarmherzig ziehen sie über die naturgegebenen Alterserscheinungen anderer Frauen her. Auch wenn sie selbst nicht gerade dem gängigen Schönheitsideal entsprechen. Letztendlich verdammen sie damit auch sich selbst. Ihre Aufmerksamkeit liegt sehr oft bei jüngeren Frauen, mit denen sie sich vergleichen oder denen sie sogar nachzueifern versuchen. Doch solche Vergleiche tun meistens einfach nur weh und die Bemühungen, mit 50 noch wie 20 zu wirken, sind eher befremdlich. Was nicht bedeuten soll, eine 50-Jährige könne keine jugendliche Ausstrahlung haben. Doch selten kann sie aussehen wie 20. Deswegen sollte sie sich aber nicht weniger wert fühlen müssen als eine Zwanzigjährige. Wobei viele Zwanzigjährige sich auch nicht als besonders wertig empfinden, siehe mein obenstehendes Beispiel.

Frauen können etwas dagegen tun, sich im Alter weniger wert zu fühlen. Sie können dem unaufhaltsamen Alterungsprozess souverän begegnen und Frieden damit schließen, dass ihr Körper sich stetig verändert. Sie können dem Alter mutig entgegensehen und ihr Selbstwertgefühl aufbauen, statt ihren Körper als Feind zu sehen, den es zu besiegen gilt. Sich von der Gesellschaft und von sich selbst nicht demontieren lassen. Mutig älter werden und eher die Vorteile als die Nachteile darin erkennen. Und an der einen oder anderen Stelle auch Abschied nehmen von alten Selbstbildern, von der Vergangenheit und letztendlich der eigenen Jugend.

Hier ein paar Übungen, die dir helfen sollen, genau das zu tun.

Übung: Liebes jüngeres Selbst

Diese Übung dient dazu, den Fokus auf die Vorteile des Alters statt auf die Nachteile zu richten. Sie erhöht auch die Dankbarkeit für vieles, was du in den letzten Jahrzehnten geleistet hast. Sozusagen eine wohlwollende Rückschau auf das Leben, das du bis jetzt gemeistert hast. Und eine Würdigung dessen, was das Älterwerden dir auch gebracht hat.

Dazu brauchst du wieder nur ein wenig Papier, einen Stift und ein bis zwei Stunden Zeit. Hilfreich wäre vielleicht auch ein Bild von dir als junger Frau oder als Teenager.

Deine Aufgabe ist es jetzt, einen Brief an dein jüngeres Selbst zu schreiben und ihm zu erzählen, worauf es sich freuen kann. Beschreibe ihm, welche

Herausforderungen es zukünftig meistern und was es daraus lernen wird. Tu das, wie es eine liebevolle ältere Schwester oder eine Mutter machen würde. Erzähl ihm, wie es auch Ängste, Krankheiten, Verluste und vieles mehr meistern wird. Wie sich manche Sorgen und Befürchtungen in Luft auflösen werden, auch wenn es sich das im jungen Alter gar nicht vorstellen kann. Stärke es mit deinen Erfahrungen, egal ob sie positiv oder negativ waren. Nimm dir die Zeit, die du brauchst. Beginn den Brief mit „Liebe …" und ende mit „Deine …"

Diesen Brief solltest du dann in einen schönen Briefumschlag stecken und an einem Ort aufbewahren, wo du ihn jederzeit wieder hervorholen kannst. Lies dir diesen Brief immer wieder mal laut vor und sei stolz darauf, wie weit du gekommen bist. Auch wenn du dir vielleicht den einen oder anderen Traum nicht erfüllt hast. Genieß die Erkenntnisse, die das Alter dir gebracht hat.

Übung: Danke, lieber Körper

Die zweite Übung kannst du im Stehen oder auch im Liegen durchführen. Ziel ist es, deinem Körper positiv zu begegnen. Frieden zu schließen mit den fortschreitenden Veränderungen, die dein Körper durchläuft. Ihm Dankbarkeit entgegenzubringen für alles, was er für dich schon geleistet hat. Ich mache diese Übung gern als Abschluss nach meinen Yogaübungen.

Dazu liege ich mit geschlossenen Augen auf meiner Yogamatte und spüre in meinen Körper hinein. Nach der Anstrengung der Yogaübungen spüre ich meinen Körper immer besonders intensiv und fühle mich stark im Kontakt mit ihm. Ich beginne meistens oben am Kopf und bedanke mich bei meinem Gehirn für alle die sagenhaften Leistungen, die es für mich vollbringt. Danke für meine Phantasie, meine kreativen Ideen und die unterschiedlichen Möglichkeiten, die ich mir allein durch meine Denkleistungen schaffe. Dann gehe ich über zu meinem Gesicht: Nase, Ohren, Mund. Ich bedanke mich hier für all das, was durch sie möglich ist. Das Schmecken von Speisen und der dabei empfundene Genuss; das Riechen von Düften; das Hören schöner Musik oder von Naturgeräuschen und so weiter. Ich bedanke mich bei einigen Organen, zum Beispiel bei meiner Leber, die selbst eine schwere Hepatitis überstanden hat. Da ich schon einige schwerere Erkrankungen durchgemacht habe, gibt es mehrere Organe, denen ich danken kann. Schließlich ende ich dann mit meinen Füßen und bedanke mich bei ihnen dafür, dass sie mich schon so lange tragen und, auch wenn ich über die Jahre zugenommen habe, immer noch stabil und relativ schmerzfrei bleiben.

Meistens brauche ich gute 10 Minuten, bis ich fertig bin. Dann bin ich bereit für den Tag. Manchmal mache ich diese Übung auch abends vor dem Einschlafen. Was übrigens auch ein schöner Abschluss für den Tag ist. Ich merke immer wieder, wie diese Art der Körper-Dankbarkeit mich gnädiger sein lässt, wenn die eine oder andere neue Falte oder ein neues Zipperlein auftritt. Denn unser Körper besteht aus so viel mehr als nur Äußerlichkeiten und ist wirklich ein unglaubliches Wunder der Natur. Diese Übung macht mir immer wieder bewusst, wie dankbar ich dafür sein kann.

Mut ist ansteckend

Mut kann uns inspirieren. Manchmal können uns Geschichten von mutigen Menschen sogar elektrisieren. Sie berühren eine Seite in uns, die vielleicht tief verborgen war, aber sofort in Resonanz geht mit dieser Person und ihrer Geschichte.

Daher möchte ich euch hier drei Frauen vorstellen, die drei sehr unterschiedliche Wege gegangen sind. Jede für sich ein Beispiel für Mut und Durchsetzungsstärke. Lasst Euch anstecken! Wenn diese Frauen es konnten, könnt Ihr es auch!

Mutige Vorbilder geben uns Kraft

Malala Yousafzai

Eigentlich dürften wir Frauen aus Westeuropa keine Probleme damit haben, mutig zu sein. Wir brauchen weder körperliche Bestrafung noch Verfolgung zu fürchten, nur weil wir zum Beispiel Gleichberechtigung einfordern. Nicht, dass wir sie immer bekommen, aber wir brauchen keine drakonischen Strafen zu erwarten. Wir brauchen keine Angst zu haben, wenn wir uns an Demonstrationen bezüglich Frauenrechten beteiligen.

Wenn wir uns für Bildung einsetzen oder für Chancengleichheit.

In anderen Ländern spüren schon kleine Mädchen, dass sie Menschen zweiter Klasse sind. In Indien werden weibliche Säuglinge in armen Familien oftmals ermordet, da sie keine Mitgift für die Familien generieren werden. Manche werden auch in späteren Jahren verkauft. In vielen Ländern dürfen Mädchen keine Schulen besuchen und das Haus nicht allein verlassen. Doch gerade dort gibt es sehr mutige Frauen und Mädchen. Eine davon heißt Malala.

Malala Yousafzai wurde am 12. Juli 1997 in Pakistan geboren. Sie ist eine Kinderrechtsaktivistin. Am 10. Oktober 2014 wurde ihr der Friedensnobelpreis verliehen. Sie ist die jüngste Preisträgerin in der Geschichte des Nobelpreises und die mit Abstand jüngste in der Geschichte des Friedensnobelpreises. Seit dem 10. April 2017 ist sie Friedensbotschafterin der UN.

Doch was genau hat sie getan, dass sie dafür den Friedensnobelpreis bekommen hat? 2009, als Malala erst elf Jahre alt war, berichtete sie auf einer Webseite der BBC in einem Blogtagebuch unter dem Pseudonym Gul Makai über ihre Ängste. Ängste, die sie hatte, wegen der Gewalttaten der pakistanischen Taliban im Swat-Tal von Pakistan, in dem Malala damals mit ihrer Familie lebte.

2007 hatten die Taliban damit begonnen, Schulen für Mädchen zu zerstören und gegnerische Pakistaner zu ermorden. Den Mädchen wurden der Schulbesuch, das Hören von Musik, das Tanzen und das unverschleierte Betreten öffentlicher Räume verboten.

Im Dezember 2008 wollte ein Reporter der BBC eine betroffene Schülerin berichten lassen, in Blogform, wie diese Maßnahmen sie und alle anderen Mädchen bedrohten. Der damalige Leiter der Privatschule, an die sich der Reporter wandte, war Malalas Vater. Dieser schlug dann seine Tochter für diesen Blog vor.

Malalas Blog wurde schnell in Pakistan bekannt und schließlich ins Englische übersetzt. Im Jahr 2011 wurde ihr Pseudonym aufgedeckt, als sie für den Internationalen Kinder-Friedenspreis nominiert wurde. Sie bekam den Preis damals nicht, woraufhin die Regierung Pakistans einen jährlichen Nationalen Friedenspreis der Jugend stiftete, der ihr verliehen und im Dezember 2011 nach ihr benannt wurde. Diese Aufmerksamkeit zog letztendlich auch die Aufmerksamkeit der Taliban auf sich.

Malala wird angeschossen

Am 9. Oktober 2012 wurde ein Schulbus, in dem auch Malala sich befand, durch die Taliban angehalten. Sie fragten dezidiert nach Malala. Als sie sich zu erkennen gab, schoss ein Taliban aus nächster Nähe auf sie. Sie wurde durch mehrere Schüsse in Kopf und Hals schwer verletzt. Die Taliban bekannten sich in einem Schreiben zu dieser Tat, woraufhin die pakistanische Regierung eine Prämie von 10 Millionen Rupien (etwa 74.000 Euro) ausschrieb, um die Täter zu ergreifen. Der Täter und neun weitere Beschuldigte konnten durch Hinweise aus der Bevölkerung gefasst werden und wurden offiziell am 30. April 2015 zu lebenslanger Haft verurteilt.

Am 5. Juni 2015 wurde jedoch bekannt, dass acht der zehn wegen des Mordanschlags inhaftierten Taliban aus Mangel an Beweisen nicht verurteilt worden waren. Sie befanden sich auch schon nicht mehr in Haft. Nur gegen zwei der Attentäter, darunter der Schütze, waren Haftstrafen von jeweils 25 Jahren verhängt worden.

Malala wurde ein paar Tage nach dem Attentat nach Großbritannien ausgeflogen, um dort im Queen Elizabeth Hospital in Birmingham behandelt zu werden. Das Projektil hatte Teile des Schläfenbeins sowie des Oberkiefers und Teile des Unterkiefers zerstört. Auch ihre Schulter war in Mitleidenschaft gezogen worden. Danach folgten plastische Rekonstruktionen des Schädels und des Gesichts. Auch der beschädigte Hörnerv wurde rekonstruiert.

Nachdem Malala längere Zeit in britischen Krankenhäusern zugebracht hatte, zog auch ihre Familie nach Großbritannien. Ihr Vater wurde Attaché für Bildung im pakistanischen Konsulat in Birmingham.

Das Schicksal von Malala und der Grund für den Angriff auf sie erhielten viel Aufmerksamkeit in unterschiedlichen Medien und Netzwerken. In Großbritannien wurde eine Petition in ihrem Namen gestartet: „Zur Unterstützung dessen, wofür Malala gekämpft hat." Im Dezember 2012 wurde in Zusammenarbeit mit der UNESCO der Malala-Fonds gegründet, um weltweit das Recht von Kindern auf Bildung durchzusetzen.

Malala erhält den Friedensnobelpreis

Am 7. Februar 2013 konnte Malala das Krankenhaus in Birmingham verlassen. Am 8. Februar wurde bekannt, dass sie offiziell für den Friedensnobelpreis in Oslo nominiert worden war. Sie besuchte von nun an eine

Schule in England. Gleichzeitig erhielt sie trotz ihres jungen Alters einen Vertrag vom britischen Verlag Weidenfeld & Nicolson, um ihre Biografie zu veröffentlichen.

An ihrem 16. Geburtstag sprach sie vor der Jugendversammlung der UNO. Es war ihre erste öffentliche Rede seit dem Attentat. Sie überreichte dem anwesenden UNO-Generalsekretär Ban Ki Moon die Petition für die Bildung aller Kinder mit vier Millionen Unterschriften. Die UNO wollte dieses Ziel bis Ende 2015 erreichen. Gleichzeitig wurde verkündet, dass die UNO den 10. November als „Malala Day" feiern würde. Sie erhielt weitere Ehrungen und 2018 sprach sie vor dem Weltwirtschaftsforum in Davos.

Malala ist mittlerweile fast 21 Jahre alt und wurde in eine Welt hineinkatapultiert, die sie sich sicher nicht so vorgestellt hat. Natürlich kann man sagen, sie hatte letztendlich durch dieses Erlebnis auch viele Chancen. Ja, das ist richtig, trotzdem braucht es eine Menge Mut, sich diesen vielen Herausforderungen zu stellen.

Sie ist eine mutige Kämpferin für die Rechte von Mädchen auf Bildung, und das wird sie sicherlich auch die nächsten Jahre oder Jahrzehnte vorantreiben. Sie ist ein Sprachrohr für die Mädchen, die keine Stimme haben. Meiner Meinung nach ist sie eine wahre Inspiration dafür, was es bedeutet, mutig zu sein.

Michelle Obama

Ein weiteres Beispiel für eine mutige Frau: Michelle LaVaughn Robinson Obama. Besser bekannt als die erste afroamerikanische First Lady der Vereinigten Staaten.

Michelle Obama wurde am 17. Januar 1964 in Chicago, Illinois geboren. Sie wuchs in einfachen Verhältnissen auf. Zu einer Zeit, als die Rassenunruhen Amerika stark prägten.

Sie war eine ausgezeichnete Schülerin, was sie zum Teil ihrer Mutter zu verdanken hatte, die ihr und ihrem Bruder schon mit vier das Lesen und Schreiben beibrachte. Bereits in der sechsten Klasse besuchte sie ein Hochbegabtenprogramm und später eine Hochbegabten-Highschool. Dies ebnete ihr den Weg an die Princeton Universität, wo sie Soziologie und afroamerikanische Studien belegte.

1985 schloss sie ihr Studium dort mit summa cum laude ab, um dann Jura an der renommierten Harvard-Universität zu studieren. Schon damals engagierte sie sich für den Universitätszugang von Minderheiten und für bessere Anstellungsmöglichkeiten nach dem Studium.

Nach ihrem Juraabschluss arbeitete sie in einer Chicagoer Kanzlei, in der sie auch ihren späteren Ehemann, Barack Obama, kennenlernte. Sie heirateten 1992 und haben zwei Töchter, Malia und Sasha.

1991 entschied sie sich für einen Wechsel in den kommunalen Bereich und wurde die Assistentin des Bürgermeisters von Chicago, Richard Daley. Sie avancierte später zur Stellvertretenden Kommissarin für Planung und Stadtentwicklung. 1993 wurde sie Geschäftsführerin des Chicago Office of Public Allies, ein Non-Profit-Leadership-Trainingsprogramm, um jungen Menschen zu helfen, die entsprechenden Fähigkeiten für einen späteren kommunalen Arbeitsplatz zu erwerben. Danach arbeitete sie an der University of Chicago, später für deren Krankenhäuser. Zuletzt war sie Vizepräsidentin für gemeinschaftliche und externe Angelegenheiten des University of Chicago Medical Center. Dort war sie bis zur Einführung ihres Mannes zum 44. Präsidenten der Vereinigten Staaten.

Michelle als First Lady

Besonders als Tochter einer afroamerikanischen Mittelklassefamilie hatte sie da schon eine beeindruckende Karriere absolviert. Doch auch als First Lady beschritt sie mutig neue Wege und setzte sich für Themen ein, die bis dahin kaum auf der Agenda der First Ladys gestanden hatten.

Zum Beispiel ihr Kampf gegen Fettleibigkeit bei Kindern. Mit 23 Fünftklässlern legte sie auf 100 Quadratmetern einen Bio-Gemüsegarten an, inklusive Bienenstock. Im Weißen Haus kamen Bio-Lebensmittel auf den Tisch. Das nicht nur, wenn die Obamas unter sich waren, sondern auch wenn sie Gäste hatten. Egal wie hochrangig diese auch waren. Michelle Obama sprach auch immer wieder vor unterschiedlichen Gruppen zum Thema gesunde Ernährung, initiierte und begleitete unterschiedliche Projekte, die unter dem Namen „Organic Health Movement" bekannt wurden. Passend zu dieser Initiative brachte sie das Buch „American Grown: The story of the White House Kitchen Garden and Gardens across America" heraus. Derzeit leider nur auf Englisch erhältlich. Ihre Autobiografie erschien im November 2018.

Darüber hinaus waren zwei ihrer Hauptthemen Bildung und Ehrenamt. Sie hatte schon bevor sie ins Weiße Haus einzog in Suppenküchen ausgeholfen und tat dies auch mit dem Präsidenten, soweit die Sicherheitsvorkehrungen dies zuließen. Und dies war kein PR-Gag.

Ihr Engagement für Militärfamilien und dabei insbesondere für die weiblichen Militärangehörigen war auch eher ungewöhnlich. Sie beschäftigte sich insbesondere mit der Work-Life-Balance von Frauen in der Armee. Und mit den Schwierigkeiten, die speziell Mütter haben, die in Krisengebieten eingesetzt werden.

Doch eine ganz besondere Herzensangelegenheit waren und sind ihr sicherlich die Themen, die junge Menschen betreffen. Sie rief die „Let's Move Initiative" ins Leben. Zusammen mit Olympioniken und verschiedenen Sportverbänden und Organisationen ist es ihr Ziel, junge Menschen für Bewegung zu begeistern.

Doch nicht nur ihr Engagement für diese Themen, sondern auch der starke Rückhalt, den sie ihrem Mann gibt, zeichnen sie aus. Sie war aktiv an seinen Wahlkampagnen, insbesondere der zweiten, beteiligt. Absolvierte unzählige Auftritte und hielt Reden, die auch heute noch zu den beeindruckendsten der Gegenwart zählen. Sie war nicht nur die Frau an der Seite des Präsidenten, sie hatte immer ein eigenständiges und kraftvolles Profil. Sie war nicht Mrs Obama, sie war Michelle Obama.

Nach dem Weißen Haus geht es weiter

Auch nach ihrer Zeit im Weißen Haus bleibt sie aktiv für ihre Herzensthemen. Gemeinsam mit ihrem Mann hat sie eine Stiftung gegründet, das Obama Center for Citizenship. Deren Ziel ist es, Projekte in Chicago, den USA und auf der ganzen Welt zu unterstützen. Projekte, die Bürgerengagement und Bürgerbeteiligung fördern. Die Obamas sind der Meinung, dass Demokratie größer ist als jeder Einzelne, und jeder Einzelne müsse mitwirken, damit sie funktioniert.

Sie wollen Menschen, bekannte und unbekannte, zusammenbringen und Einzelpersonen sowie Gemeinschaften dazu inspirieren, große Projekte gemeinsam zu meistern. Die Stiftung versteht sich selbst als Projekt, das mit Bürgern zusammen gestaltet wird. Daher rufen die Obamas alle dazu auf, ihre Ideen, Inspirationen und Zukunftsvisionen mitzuteilen. Eine der Kernfragen ist immer: Was macht einen guten Bürger aus?

Besonders wichtig ist ihnen die Einbeziehung junger Menschen, denn schließlich geht es ja auch um ihre Zukunft. Die aktive Mitgestaltung ermöglichen und gemeinschaftliches Engagement fördern, um jungen Menschen zu zeigen, dass sie etwas bewegen können, und so vielleicht auch die Führungs-persönlichkeiten von morgen mit zu fördern. Ihr Ziel ist es, politisches Engagement wieder attraktiv zu machen. Den

Menschen, Jung und Alt, das Gefühl zu geben, dass es sich lohnt, mitzugestalten und sich einzubringen, für das Wohl aller.

Bevor du jetzt denkst, ich schreibe eine PR-Botschaft für die Obamas – mir geht es darum zu zeigen, wie viel möglich ist, wenn man mutig voranschreitet. Natürlich wird wahrscheinlich keine von euch die nächste First Lady der Vereinigten Staaten noch deutsche Kanzlerin. Wahrscheinlich wollt ihr das auch gar nicht (ich übrigens auch nicht). Doch genau solche Frauen bereiten den Weg für andere. Für unsere Töchter, die durch solche Beispiele und natürlich durch uns erleben, was mit Mut möglich ist. Natürlich braucht man an manchen Stellen auch Beziehungen und Glück. Aber wie Michelle Obama schon in einem Tweet bezüglich ihrer Autobiografie schrieb: „Ich hoffe, meine Reise inspiriert Leser, den Mut zu finden, der oder die zu werden, die er oder sie sein wollen."

Michelle Obama hat sicherlich einiges an Anfeindungen erleben müssen, da sie die erste afroamerikanische Frau an der Seite eines halb afroamerikanischen Präsidenten war. Doch sie ist auch weltweit anerkannt als mutige Powerfrau, die Dinge bewegt.

Die mutige Frau, die ich als letztes Beispiel anführen möchte, hatte weniger Glück als Michelle Obama. Sie musste jahrelange Demütigungen und Herabsetzungen erleiden, hatte so gut wie keine Kindheit und bekam wenig Unterstützung. Sie wurde nach einer achtjährigen Höllentortur und durch ihren Mut, sie hinter sich zu lassen, eher angefeindet als bewundert. Und zwölf Jahre nach dieser Tortur ist das noch immer so. Ich spreche von Natascha Kampusch.

Natascha Kampusch

Natascha Kampusch lebte mit ihrer Familie in der Nähe von Wien und wurde 1998, im Alter von 10 Jahren, auf dem Schulweg von einem Mann namens Wolfgang Priklopil entführt. Sie verbrachte die nächsten achteinhalb Jahre in einem Verlies unter der Garage von Priklopil, der nur wenige Kilometer von ihren Eltern entfernt lebte. Ihre Entführung löste die bis zu dem Zeitpunkt größte Fahndungsaktion in Österreich aus. Obwohl Priklopil schon relativ früh unter Verdacht stand, verliefen die Spuren im Sand. Nach einiger Zeit glaubte man auch, dass sie tot sei.

Stattdessen lebte sie jahrelang in Priklopils Haus, wurde von ihm gedemütigt, herabgesetzt, sexuell und psychisch missbraucht. Wurde mit Essensentzug und auf andere Weisen bestraft. Nach sechs Jahren brauchte sie nicht mehr im Verlies zu schlafen, in das er sie aber immer wieder einschloss, wenn er auf die Arbeit oder wegging. Wäre er nicht zurückgekommen, wäre sie jämmerlich verhungert und wahrscheinlich hätte man erst Jahre später ihre Leiche entdeckt. Sie musste neben ihm im Bett schlafen, war aber an ihm festgebunden, sodass ein Fliehen unmöglich war. Oftmals band er ihre Hände mit Kabelbindern zusammen, auch nachts.

Natascha lässt sich nicht brechen

Obwohl man meinen könnte, dass er sie relativ schnell gebrochen hatte, war sie in der Lage, sich durch schöne Erinnerungen und Zukunftsphantasien eine gewisse relative innere psychische Normalität zu bewahren. Sie schaffte es, sich nicht brechen zu lassen, und glaubte immer daran, eines Tages frei zu sein. Mit zunehmendem Alter beugte sie sich ihm immer weniger und schaffte es, ihn durch kleine Gesten des Widerstands auch zu beeinflussen oder Bestrafungsaktionen zu verkürzen.

Am 23.8.2006 konnte sie fliehen. Priklopil tötete sich selbst kurze Zeit danach und letztendlich hatte die Öffentlichkeit dann nur noch Natascha, auf die sie ihre Emotionen projizieren konnten.

Starke Opfer werden nicht immer bewundert

Es begann eine wahre Odyssee für die Achtzehnjährige, die schon von Anfang an nicht dem Bild entsprach, das die Gesellschaft von einem Opfer hatte. Ihr Mut, wie sie diese Zeit durchgestanden hatte, die Flucht bei passender Gelegenheit ergriffen hatte, wie sie sich dann den Medien und der Öffentlichkeit gestellt hatte, wurden ihr oft angekreidet. Gleichzeitig darf man aber auch nicht vergessen, dass sie über acht Jahre wenig soziale Kompetenzen erlernen konnte. Doch daher gleich zu vermuten, dass sie hilflos, demütig und schüchtern sei, war sicherlich auch falsch.

Natascha war schon in den ersten Interviews anders, als es die meisten erwartet hatten. Sie wirkte erstaunlich klug und manchmal auch altklug zugleich. Sie wirkte zerbrechlich und strahlte gleichzeitig Stärke aus. Natascha verweigerte sich von Anfang an einer Opferrolle. Man hatte erwartet, dass sie offensichtlich traumatisiert, ungebildet und neurotisch auftreten würde. Doch das tat sie nicht und somit blieb sie für die breite Masse schwer einzuordnen. Wie mutig dieses junge Mädchen und später die junge Frau wirklich gewesen war, wurde einfach übersehen und teilweise auch negiert. Stattdessen wurde sie die Zielscheibe vieler Anfeindungen (real und in sozialen Netzwerken und Medien), spektakulären, fabulierten Geschichten und teilweise bösartiger Phantasien.

Es wurde ihr nachgesagt, sie wäre schon zweimal geflohen und wäre dann freiwillig zu Priklopil zurückgekehrt. Sie hätte ein Kind geboren und es im Verlies getötet. Sie hätte das Leben bei ihm dem bei ihren Eltern vorgezogen, und so weiter. Nichts davon erwies sich als wahr. War aber sicherlich für die junge Frau extrem verletzend und schwer auszuhalten.

Es ist schwer, sich vorzustellen, wie viel Mut es braucht, um das alles einigermaßen durchzustehen: die Gefangenschaft und die jahrelange Hetze danach, ohne daran zu zerbrechen. Sie hat zwei Bücher (eines davon wurde verfilmt) geschrieben, um Dinge richtigzustellen. Sie gab unzählige Interviews und versucht sich ein eigenes Leben aufzubauen.

Natascha versucht ihren eigenen Weg zu gehen

Mit einem Teil der Einnahmen aus ihrem ersten Buch finanziert sie ein Kinderhospital in Sri Lanka, das 2011 eröffnet wurde. Ihr Vater versucht mit einem eigenen Buch von ihrem Ruhm zu profitieren. Das hat sicherlich zu weiteren Verletzungen geführt.

Es gab und gibt viele Menschen, die ihr das Geld, das ihr ihre Bücher und der Film einbrachten, neideten. So was macht ein Opfer nicht. Es verdient kein eigenes Geld mit dem eigenen Leid. Wenigstens nicht im deutschsprachigen Raum. In den USA zum Beispiel wird fast schon erwartet, dass man nach einem solchen Martyrium ein Buch schreibt.

In unseren Breiten spricht man nicht mutig über das Martyrium und schon gar nicht so nüchtern und teilweise emotionslos, wie Natascha es getan hat. Sie wurde oftmals als arrogant bezeichnet und es wurde angezweifelt, dass jemand, der so auftritt, wirklich ein Opfer war. Vielleicht hatte sie ja den armen, verwirrten Priklopil manipuliert. Viele dieser destruktiven Kommentare kamen leider von Frauen …

Zwölf Jahre nach der Flucht

Selbst heute, zwölf Jahre nach ihrer Flucht, gibt es immer noch Menschen, die ihr übelnehmen, dass sie sich nicht als klassisches Opfer darstellt, sondern mutig versucht, ihren eigenen Weg zu gehen. Und der gefällt anscheinend nicht allen.

Natürlich muss sie die gemachten Erfahrungen aufarbeiten und vieles wird sie für immer mit sich tragen, doch gleichzeitig versucht sie mutig nach vorn zu gehen. In einem Interview, das sie Anfang 2018 der Schweizer Frauenzeitung Annabelle gab, spricht sie noch einmal über ihre Gefangenschaft und die Zeit danach. Neben Fragen, wie sie es ihr in der Gefangenschaft gelang, nicht daran zu verzweifeln, stellte die Journalistin auch viele Fragen zu ihrem Umgang mit negativen, teilweise hasserfüllten Reaktionen aus der Öffentlichkeit. Ich finde, besonders die Antworten auf die folgenden zwei Fragen zeigen den Mut dieser jungen Frau, sich den negativen Reaktionen aus der Öffentlichkeit zu stellen.

Frage 1: *„Es gab Zeiten, in denen Sie kaum aus dem Haus gingen aus Angst vor den Reaktionen des Umfelds. Kamen Ihnen die vielen Probleme, die dem Gang in die Freiheit folgten, manchmal wie eine zusätzliche Strafe vor?"*

NK: *„Ja. Es gab auch Menschen, die mir sagten, ich hätte ein negatives Karma. Irgendwann stellte ich mir tatsächlich die Frage, ob ein Fluch auf mir lastet. Doch ich wehrte mich gegen diese Vorstellung und wusste, dass ich fähig bin, das Blatt zu wenden. Ich habe mir gesagt: Diese Menschen gehen in Konfrontation mit mir, aber ich nicht mit ihnen. Relevant war die Entscheidung, dass es letztendlich um meine Bedürfnisse und Ziele gehen muss – nicht um die Anliegen jener, die mich kritisierten und verurteilten. Ich habe versucht, mich diesen extrem negativen Einflüssen zu entziehen. Ich zog mich zurück, ohne wegzulaufen, ich brachte mich in Sicherheit, um mich* *zu erholen, Kraft zu schöpfen und auch um über manche Schäden hinwegzukommen."*

Frage 2: *„Fällt es Ihnen schwer, ohne Bitterkeit auf das Gewesene zu blicken?"*

NK: *„Das Gegenteil ist der Fall. Es liegt in meiner Verantwortung, an den negativen Dingen etwas zu ändern. Das habe ich getan und damit auch bewiesen, dass ich längst kein Opfer mehr bin. So gesehen, erhielt ich durch meine Geschichte auch eine einzigartige Chance: hinter die Kulissen der sogenannten Freiheit zu blicken und mich mit dem Thema kritisch und konstruktiv auseinanderzusetzen."*

Das Thema Selbstverantwortung spielt bei allen drei als Beispiel angeführten Frauen eine große Rolle. Sie haben offensichtlich auch eine stark ausgeprägte Resilienz: die psychische Widerstandskraft und Fähigkeit, selbst schwierige Lebenssituationen ohne anhaltende Beeinträchtigung zu überstehen.

Lerne von einem mutigen Vorbild

Malala Yousafzai, Michelle Obama und Natascha Kampusch sind mutige Frauen. Jede auf ihre eigene Art und Weise. Du kannst einiges von ihnen lernen. Doch es gibt viele mutige Menschen, die nicht berühmt sind, aber für dich hilfreich sein können. Die dir helfen können, mutiger zu werden, denn wir orientieren uns an Modellen.

Genau wie kleine Kinder, die sich anfänglich alles in ihrem Umfeld abschauen und kopieren, um zu lernen, kannst du dir ein Vorbild suchen, das dir hilft, mutiger zu werden. Schau einfach nach Menschen, die für dich mutige Menschen sind, und lerne durchs Abgucken. Finde dein persönliches Modell für Mut.

Das kann ein Vorbild aus deinem Umfeld sein, aber auch jemand, den du gar nicht persönlich kennst. Es kann sogar eine fiktive Figur oder ein Held sein, die real gar nicht existieren. Letztendlich geht es nur darum herauszufinden, wie diese Menschen oder Figuren vorgehen, um mutig eine Aufgabe in Angriff zu nehmen oder ein Problem zu meistern.

Natürlich ist es einfacher, wenn du dich persönlich mit der Person unterhalten kannst. Doch in diesen digitalen Zeiten können auch Interviews (bei öffentlichen Personen) oder Dokumentationen hilfreich sein, um herauszufinden, wie jemand denkt. Oder auch die guten alten Bücher, wie zum Beispiel Biografien sowie Artikel über diese Personen und die Herausforderungen, denen sie sich gestellt haben.

Wichtig ist es herauszufinden: Wie und was denkt diese Person, bevor sie mutig etwas tut? Besonders wenn du jemanden persönlich befragst, wirst du feststellen, dass die meisten Menschen erst einmal ein wenig irritiert über diese Frage sind. Sie denken selten darüber nach, welche Gedanken ihnen dazu verhelfen, mutig zu sein. Doch mit ein wenig Geduld und achtsamem Erfragen sowie bewertungsfreiem Zuhören lässt sich das herausbekommen. Hier einige Fragen, die dir dabei helfen können.

Interviewfragen zu Mut

- Woher kommt dein Glaube, dass du es kannst?
- Woher schöpfst du die Energie und Beharrlichkeit dranzubleiben?
- Welche Ressourcen mobilisierst Du, um mutig zu sein (zum Beispiel Glaubenssätze, Körperhaltungen, Meditation, vergangene Erfolgserlebnisse etc.)?
- Was denkst Du, wenn es nicht so gut funktioniert?
- Was denkst du bei negativen Reaktionen anderer Personen?
- Was denkst du über dich selbst, wenn du etwas Neues ausprobierst, für das du Mut brauchst?
- Was denkst Du, wenn du etwas geschafft hast?
- Wie bereitest du dich mental auf die nächste Situation vor?

Tipp

Vermeide Bewertungen oder Gegenargumente, wenn jemand dich an seinen Gedanken teilhaben lässt. Das wirkt destruktiv und besserwisserisch, und es wird dazu führen, dass du nur wenig erfährst. Es geht letztendlich auch nicht darum, dass du jetzt eins zu eins so denken sollst wie dein Gesprächspartner. Es geht darum, neue Wege zu entdecken, wie auch du das eine oder andere einsetzen kannst, um mutiger zu werden. Also übe dich im Zuhören.

Empfehlenswert wäre auch, dir die Antworten wortwörtlich aufzuschreiben. Ganz besonders dann, wenn du einen inneren Widerstand zu dem Gesagten empfinden solltest. So kannst du sicher sein, dass du später in Ruhe noch einmal über das, was wirklich gesagt wurde, reflektieren kannst.

Besonders wenn wir emotional auf etwas reagieren, was gesagt wird, sind wir meistens nicht mehr in der Lage, Gesagtes objektiv abzuspeichern. Das ist auch der Grund, warum Zeugenaussagen selbst von Menschen, die zu dem Tatzeitpunkt anwesend waren, nie real den Tathergang schildern werden. Und sie werden sich zum Teil stark voneinander unterscheiden. Da war einfach zu viel Emotion im Spiel.

Das Schreiben wird dir helfen, das Gesagte exakt festzuhalten. Natürlich solltest du vorab die Erlaubnis Deines Gesprächspartners einholen.

Spannend ist auch zu sehen, welche Aha-Erlebnisse Interviewpartner oft bei solchen Gesprächen haben. Du wirst eine Menge lernen, wenn du achtsam zuhörst. Das heißt du hörst mit voller Aufmerksamkeit zu, achtest auf die Körpersprache deines Gegenübers und bewertest nicht dass, was dieser sagt. Lass die Antworten erst einmal sacken und überleg dir zu einem späteren Zeitpunkt, welche Gedanken du für dich selbst übernehmen kannst und auch willst. Je mehr Interviews du führst, desto mehr Möglichkeiten werden sich auftun, und dann ist sicherlich das eine oder andere dabei, was dir helfen wird, mutiger zu denken und zu handeln. Viel Spaß dabei.

Mut zu mehr Gelassenheit

„Gelassenheit, Gleichmut, innere Ruhe oder Gemütsruhe ist eine innere Einstellung, die Fähigkeit, vor allem in schwierigen Situationen die Fassung oder eine unvoreingenommene Haltung zu bewahren. Sie ist das Gegenteil von Unruhe, Aufgeregtheit, Nervosität und Stress." *Wikipedia*

Du bist nun am Ende dieses Buches angekommen. Du hast an dir selbst gearbeitet, hast reflektiert und ausprobiert. Erfolge gehabt und sicherlich auch den einen oder anderen Misserfolg. Vielleicht bist du noch nicht so mutig, wie du es gern wärst. Vielleicht bist du deswegen sogar frustriert, weil noch nicht alles so funktioniert, wie du es erhofft hattest. Dann ist es jetzt Zeit, etwas gnädiger mit dir selbst zu sein. Sei nicht so streng mit dir selbst und setz dich nicht so unter Druck. Vieles braucht einfach Zeit und eine Portion Gelassenheit. Das heißt nicht, dass du nun passiv sein und alles erdulden musst, was in deinem Leben nicht funktioniert. Es heißt einfach nur, dass du den Widerstand dagegen aufgibst und akzeptierst, was gerade ist.

Annehmen, was ist, statt zu kämpfen bis zum Umfallen

Annehmen führt zu Frieden, Widerstand führt zu Schmerz

Seit über 25 Jahren beschäftige ich mich nun mit dem Buddhismus und eine der wichtigsten Lektionen, die ich gelernt habe, ist es, mich und die Welt so anzunehmen, wie sie ist. Natürlich gibt es Tage, da fällt es mir immer noch schwer, aber ich werde immer besser darin. Das heißt nicht, dass ich alles hinnehme, noch dass ich Dinge schönrede. Das heißt, dass ich klar sehe, was wirklich ist, und nicht, wie ich es gern hätte. Ich habe schon lange aufgehört, alles kontrollieren zu wollen. Wenn Menschen mich zum Beispiel nicht mögen, dann haben sie das Recht dazu. Wenn jemand meine Arbeit nicht gut findet oder eine andere Meinung hat, dann darf er das. Wenn ich Dinge tue, die nicht in Ordnung sind, dann verdränge ich das nicht, sondern setze mich damit auseinander. Nicht indem ich mich selbst verurteile, sondern indem ich mich ehrlich und auch mitfühlend damit auseinandersetze.

Im Buddhismus gilt: Wenn dein Mitgefühl dich nicht miteinschließt, dann ist es unvollständig. Auch dir möchte ich ans Herz legen, mehr Mitgefühl mit dir selbst zu haben. Gnädiger mit dir selbst zu sein, wenn du vielleicht das Gefühl hast, dass du mutiger sein müsstest, es aber noch nicht bist. Wenn du Zeit für Veränderungen brauchst und auch immer wieder mal Rückschläge einstecken musst. So ist das Leben. Wichtig ist doch nur, dass du dich weiterentwickelst. Viele kleine Schritte sind viel besser als ein paar wenige große.

Tipp

Streich Sätze, die mit „Du solltest …" anfangen, aus deinem Repertoire. Regeln bestimmen unser Leben. Regeln, die wir uns selbst aufzwingen oder die wir von anderen übernommen haben. Schnell sind wir auch dabei, anderen zu sagen, was sie tun sollten. Doch warum eigentlich? Ergeben unsere Regeln immer Sinn? Und noch viel wichtiger, machen diese Regeln uns glücklich oder wollen wir andere glücklich machen?

Das nächste Mal, wenn deine innere Stimme dir wieder einmal sagt, was du alles tun solltest, halte kurz einmal inne und frage dich selbst, ob das jetzt wirklich nötig ist. Gut wäre auch, wenn du dir diese Frage stellst, bevor du anderen sagst, was sie tun sollten. Ist deine Anweisung in dem Moment wirklich hilfreich für den anderen oder versuchst du einfach nur dich selbst besser zu fühlen? Weil du das Gefühl hast, du solltest jetzt etwas sagen …

5 Wege zu mehr Gelassenheit

Natürlich gibt es Strategien und Techniken, um zu mehr Gelassenheit zu gelangen. Es wurden schon viele Bücher darüber geschrieben. Ein paar Titel zu dem Thema findest du in der Literaturliste. Doch wahre Gelassenheit beginnt im Kopf und dann kannst du ergänzend dazu gewisse Techniken einsetzen, um noch mehr Gelassenheit herzustellen. Was kann dir also helfen, gelassener zu werden?

Ich bin o.k. so, wie ich momentan bin

Auch wenn dein Plan ist, dich zu verändern, so ist es hilfreich, dir bewusst zu machen, dass du so, wie du bist, in Ordnung bist. Du bist liebenswert und wertvoll. Du bist es vor deiner Veränderung und auch danach. Das nimmt dir die Angst vor Ablehnung. Letztendlich ist eine Ablehnung nur eine subjektive Reaktion einer einzelnen Person auf dich und sagt nichts über dich als Mensch aus.

Ich finde eine Lösung, egal was kommt

Du bist ein Mensch mit Lebenserfahrung und hast wahrscheinlich schon einige Probleme gelöst. Schau zuversichtlich in die Zukunft und nicht ängstlich. Selbst wenn etwas schiefgehen sollte, so wirst du einen Weg finden, mit diesen Problemen umzugehen. Diese

Einstellung wird dir helfen, positiv weiterzugehen, auch wenn es manchmal schwer erscheint.

Fehler gehören zum Leben dazu

Forschungen haben gezeigt, dass Menschen, die ihre Fehler zugeben, offenbar leichter zur Ruhe kommen und verantwortungsbewusster und einfühlsamer sind. Das behauptet die Autorin Polly Campbell und sie rät ihren Lesern, Schwächen und Fehler zuzugeben, statt sie zu leugnen. Das hilft dabei, mehr Mitgefühl und Dankbarkeit zu empfinden und mehr Verantwortung für das eigene Leben zu übernehmen.

Ich habe Einfluss auf mein Glück

Wer davon überzeugt ist, Einfluss auf sein Glück zu haben, wird sich nicht als Opfer fühlen. Er wird positiver und aktiver an seinem Glück arbeiten. Denn Glück ist kein Ziel, sondern ein Zustand. Das bedeutet, wir selbst entscheiden, wann wir glücklich sind und wann nicht.

Ich kann Dinge auch anders bewerten

Letztendlich sind es nicht Dinge, Personen und Situationen, die uns negativ beeinflussen, sondern unsere Bewertung. Nicht das, was uns passiert, macht uns emotional, sondern das, was es für uns bedeutet. Es ist unsere Sicht der Dinge und Menschen, die dafür verantwortlich ist, ob wir uns ärgern, unzufrieden sind, uns verletzt fühlen und so weiter. Und daran können wir arbeiten. Wir können etwas auch anders bewerten. Das heißt nicht, dass wir alles positiv sehen müssen, aber wir können trotzdem noch etwas Gutes darin sehen oder es anders interpretieren. Sicherlich kennst auch du negative Situationen, die sich später als etwas Positives herausgestellt haben.

Gelassenheit beginnt also im Kopf. Sie entsteht durch die richtige Einstellung. Zu uns selbst, zu anderen Menschen, Situationen und Problemen. Letztendlich zum Leben als Ganzes.

Die erste Strophe des Gelassenheitsgebets von Karl Paul Reinhold Niebuhr ist für mich ein schöner Abschluss für dieses Buch und für dich vielleicht eine kleine Hilfe auf deinem Weg zum Mutigsein:

„Gott, gib mir die Gelassenheit, Dinge hinzunehmen, die ich nicht ändern kann, den Mut, Dinge zu ändern, die ich ändern kann, und die Weisheit, das eine vom anderen zu unterscheiden."

Ich wünsche dir diese Form der Gelassenheit mit dir selbst und mit anderen. Und ich hoffe, dieses Buch war eine kleine Hilfe auf deinem Weg, mutiger zu werden. Dass deine Tigerin ihren Käfig verlassen hat und der Welt zeigen kann, wie mutig und schön sie ist.

Literaturliste

Asgodom, Sabine: Eigenlob stimmt: Erfolg durch Selbst-PR, Econ, 2018

Bonelli, Ralph, M.: Perfektionismus: Wenn das Soll zum Muss wird, Pattloch, 2014

Brescoll, Victoria, Uhlmann, Eric, Studie: Can angry women get ahead? Status, conferral, gender and expression of emotion in the workplace, Psychological Science, 2008

Campbell, Polly: Lebe lieber unperfekt: Anleitung zum Unvollkommensein, Kindle, 2013

Davis Bush, Ashley: Das kleine Buch der Ruhe und Gelassenheit: Ganz entspannt die Stürme des Alltags meistern, Heyne 2017

Greiner, Lena: Verschieben Sie die Deutscharbeit - mein Sohn hat Geburtstag!: Von Helikopter-Eltern und Premium-Kids, Ullstein 2017

Ingrassia, Gabi: Danke, gut genug! Perfektionismus entspannt hinter sich lassen, Scorpio Verlag, 2016

Kampusch, Natascha: 10 Jahre Freiheit Taschenbuch, Ullstein, 2018

Kast, Verena: Auf dem Weg zu sich selbst – Werden, wer ich wirklich sein kann, Patmos, 2015

Kast, Verena: Immer wieder mit sich selber eins werden: Identität und Selbstwert entwickeln in einer komplexen Welt, Patmos, 2018

Kast, Verena: Vom Sinn des Ärgers, Herder, 2010

Kraus, Josef: Helikopter-Eltern: Schluss mit Förderwahn und Verwöhnung, Rowohlt, 2013

Lukas, Elisabeth, Wurzel, Reinhardt: Von der Angst zum Seelenfrieden, Neue Stadt, 2015

Magnet, Sabine: Und was, wenn alle merken, dass ich gar nichts kann?: Über die Angst, nicht gut genug zu sein. Das Impostor-Phänomen, mvg, 2018

Mika, Bascha: Die Feigheit der Frauen: Rollenfallen und Geiselmentalität; eine Streitschrift wider den Selbstbetrug, Bertelsmann, 2016

Mika, Bascha: Mutprobe, Frauen und das höllische Spiel mit dem Älterwerden, Btb, 2015

Norwood, Robin: Wenn Frauen zu sehr lieben. Die heimliche Sucht gebraucht zu werden, Rowohlt Taschenbuch, 1990

Obama, Michelle: BECOMING: Meine Geschichte, Goldmann, 2018

Onken, Julia: Herrin im eigenen Haus: Weshalb Frauen ihr Selbstbewusstsein verlieren und wie sie es zurückgewinnen, Goldmann, 2001

Scherrmann-Gerstetter, Beate / Scherrmann, Manfred: Das Brave-Tochter-Syndrom . . . und wie frau sich davon befreit, Herder, 2006

Schmid, Wilhelm: Gelassenheit: Was wir gewinnen, wenn wir älter werden, Insel Verlag, 2014

Winterhoff, Michael: Die Wiederentdeckung der Kindheit: Wie wir unsere Kinder glücklich und lebenstüchtig machen, Gütersloher Verlagshaus, 2017

Yousafzai, Malala / Lamb, Christina: Ich bin Malala: Das Mädchen, das die Taliban erschießen wollten, weil es für das Recht auf Bildung kämpft, Knaur TB, 2014

Weitere Bücher von Heike M. Cobaugh

Vorsicht: Führungsfallen!
Souverän den Führungsalltag meistern
Heike M. Cobaugh &
Susanne Schwerdtfeger
Ratgeber
BELTZ Verlag
ISBN-10: 3407365543 ISBN-13:978-407365545

Gerade befördert – und jetzt?
Heike M. Cobaugh & Susanne Schwerdtfeger
Ratgeber
BELTZ Verlag
ISBN-10: 3407361203
ISBN-13: 978-3407361202

Work-Life-Balance
So bringen Sie Ihr Leben (wieder) ins Gleichgewicht
Heike M. Cobaugh & Susanne Schwerdtfeger
Ratgeber
mvg Verlag
ISBN-10: 3636070347
ISBN-13: 978-3636070340

Stanley
Der kleine Superheld
Heike M. Cobaugh
Kinderbuch
Kindle Edition
ASIN: B071WXCF5J